오
직
**正義** 정의

正義

오직

정의

| 신정일 |

불의하고 부조리한 시대, 앞장서서 몸을 던지다

판테온하우스

# 역사는 과연 진일보하는가?

일제로부터 강제 합방을 당한 지 106년째 되던 경술국치 무렵, 모 방송국과 촬영했다. 친일파의 행적과 동학농민혁명을 주도했던 사람들의 현주소를 파악하는 방송이었다. 고창과 부안 일대를 돌아 정읍시 산외면 동곡리 지금실에 있는 김개남 장군의 묘에서 방송을 마무리할 때, 기자가 나를 향해 물었다.

"왜 친일파 자손들은 지금도 떵떵거리며 잘살고 있고, 동학군의 후손들은 어렵게 살고 있습니까?"

나는 이렇게 대답했다.

"친일파 대부분은 세도가였거나 잘 사는 집안의 후손이었습니다. 그들은 권력과 부의 세습으로 인해 제대로 된 교육을 받았고, 그래서 일본 강점기에도 일제에 협력하며 잘 살았습니다. 그러나 동학군의 후손은 삼족이 멸하는 관례에 의해 성까지 바꿔가며 살아야 했습니다. 일례로, 김개남 장군은 도강 김 씨 족보에서도 지워졌을 뿐만 아니라 그 후손들 역시 성을 박씨로 바꾼 채 살아남아 1955년에야 성姓을 되찾을 수 있었으며, 손화중 장군의 아들 역시 성을 이 씨로 바꿔 겨우 살아남았습니다. 그러니 그들이 제대로 된 교육을 받을 리 없었습니다. 그러다 보니 당연히 배움의 끈이 길지 못했고, 제대로 된 직장 역시 갖지 못한 채 하층민의 삶을 살고 있습니다. 예로부터 '선善한 자는 흥興하고, 악惡한 자는 망亡한다.' 라는 말이 전해오지만, '선한 자는 망하고, 악한 자는 흥한다.' 이것이 현실입니다."

그렇게 해서 인터뷰가 끝났다. 그러자 기자가 나를 향해 다시 말했다.

"너무 센데요? 하지만 될 수 있으면 그대로 방송하겠습니다."

그러면서 예전이라면 불가능지만, 지금은 가능하다는 말도 덧붙였다. 다행히 방송을 보니 그대로 무삭제로 나왔다.


### 정의를 부르짖다가 역적이라는 오명 아래 죽어간 사람들

역사를 두고 '정의와 불의의 싸움'이라고 한다. 그러나 정의로운 사회를 만들기 위해 불의와 부패, 부조리와 싸웠던 이들 역시 권력을 잡게 되면 부패한 독재자가 된 나머지 불의를 신봉하는 경우가 더러 있었다. 반면, 목숨을 바쳐 가며 끝까지 정의를 부르짖었던 이들도 적지 않았다. 그러나 그 대부분은 역적이라는 오명 아래 죽어야 했고, 그들의 불꽃같은 사상과 신산했던 삶을 기록한 글 역시 모두 불태워진 채 사라져야만 했다. 그 결과, 그들은 역사와 사람들에게 잊힌 존재가 되어 역사의 먼 뒤안길로 사라지고 말았다.

그렇다면, 그들은 정말 실패한 것일까. 역사라는 이름 속에서 영원히 지워진 존재가 된 것일까. 그렇지 않다. 그들이야말로 질곡 많았던 우리 역사의 진정한 승자이기 때문이다.

그들은 불의와 부정, 부조리가 없는 세상을 꿈꾸었다. 이에 변혁이라는 도화선에 불을 붙인 채 불꽃같은 삶을 살다가 인간으로서는 도저히 상상조차 할 수 없는 비극적인 최후를 맞고 말았다.

임진왜란이 일어나기 3년 전, 1589년에 일어난 〈기축옥사己丑獄事〉는 1천여 명의 선비들의 목숨을 앗아갔다. 그 주인공 정여립은 제자들에게 다음과 같은 말을 즐겨했다고 전한다.

"천하는 공물인데, 어찌 일정한 주인이 있으랴. 요堯·순舜·우禹가 임금 자리를 서로 전했는데, 그들은 성인聖人이 아닌가? 또 말하기를 충신은 두 임금을 섬기지 아니한다고 한 것은 왕촉王蠋이 죽을 때 일시적으로 한 말이고, 성현聖賢의 통론은 아니다."

봉건왕조 시대에 어디 될 법이나 한 말인가? 더구나 모든 사람이 평등하게 살고자 하는 대동사상을 펼치기 위해 대동계를 조직했으니 죽어도 할 말이 없었다.

"그림자는 오직 빛이 있음으로써 존재한다." 마찬가지로 '선' 역시 '악'이 있음으로써 존재하는 것이다. 그 말이 맞는다면 그들의 죽음 역시 어쩌면 당연한 것이리라.

역사에 가정이 없는 것처럼 사람의 생애에도 가정은 없다. 하지만 그들의 개혁이 성공하고, 그들이 좀 더 오래 살아남아 새로운 개혁 사상과 정치를 꾸준히 펼쳤더라면 세상은 눈부시게 변했을지도 모른다.

## 혼돈의 대한민국, 과연 정의는 살아 있는가

"그윽이 생각건대, 털끝만큼 작은 것이라도 병들지 않은 것이 없으니, 지금 이를 고치지 않으면 반드시 나라가 망하고 말 것이다."

조선 후기 실학자 다산 정약용의 말마따나 오늘의 시대는 어디 한군데 성한 곳이 없다.

지구상에 단 하나밖에 없는 분단국가, 그래서 세계의 화약고라고 불리는 나라가 바로 대한민국이다. 그런데도 지도층은 자기 자신과 자기 계파만 잘 살면 된다는 논리로 팽배해져 있다. 그 결과, 상상할 수 없는 일이 자주 일어나 국민을 혼란 속에 몰아넣곤 한다. 이를 지켜보는 우리의 마음 역시 편할 리 없다. '가고 오는 우주의 섭리'처럼 그럭저럭 굴러가리라고 자위해보지만, 과연 이 나라가 정말 괜찮은 것일까? 라는 생각이 드는 것은 어쩔 수 없기 때문이다.

만일 '역사는 점진적으로 진보한다.'라는 것이 정설이라면, 지금 대한민국에서 일어나는 일 역시 조금씩 진보하는 과정에서 일어난 것이리라. 그리고 그렇게 되기까지는 정의를 부르짖다가 목숨을 잃은 채 역사 속으로 사라져 간 수많은 이들의 힘이 컸음을 누구도 부인할 수 없다.

그런 점에서 역사 속의 진정한 승자는 한 시대를 변혁하고, 정의로운 사회를 만들고자 했지만, 도도한 역사의 흐름 속에서 그 꿈을 접은 채 크나큰 좌절과 절망 속에서 숨겨 간 그들일 것이다. 이에 이제부터라도 그들을 역사 속에 승자, 나아가 선각자라는 이름으로 자랑스럽게 자리매김해야 할 것이다.

"조선 건국 이래 6백 년 동안 우리는 권력에 맞서 권력을 단 한 번도 바꿔 보지 못했습니다. 비록 그것이 정의라고 할지라도, 비록 그것이 진리라고 할지라도, 권력이 싫어하는 말을 했던 사람들은 혹은 그런 진리를 내세워 권력에 저항했던 사람들은 모두 죽임을 당해야 했고, 그 자손들까지 멸문지화滅門之禍를 당하고, 패가망신敗家亡身해야 했습니다. 이에 6백 년간 부귀영화富貴榮華를 누리고자 했던 사람들은 대부분 권력에 줄을 서서 손바닥을 비비고 머리를 조아려야 했습니다. 그저 밥이나 먹고 살고 싶으면 세상에 어떤 부정이 저질러져도, 어떤 불의가 눈앞에서 벌어지고 있어도, 강자가 부당하게 약자를 짓밟고 있어도, 모른 척하고, 고개 숙이며, 외면했습니다.

눈감고, 귀를 막고 비굴한 삶을 사는 사람만이 목숨이나 부지하면서 밥이나 먹고 살 수 있었던 우리 6백 년의 역사. … (중략) … 이제 우리는 이 역사를 청산해야 합니다. 부패하고 불의한 권력에 당당하게 맞설 때야만 비로소 우리 젊은 아이들에게 떳떳하게 정의를 얘기할 수 있고, 떳떳하게 불의에 맞서 싸울 수 있는 새로운 역사를 만들 수 있습니다!"

이는 고故 노무현 전 대통령의 대통령 후보 수락 연설의 일부로 정의가 살아 숨 쉬는 평등한 사회를 만들겠다는 일성一聲에 다름 아니다.

그렇다면, 과연 지금은 어떠한가? 정의가 살아 있고, 부조리가 없으며, 부정부패가 없는 평등한 사회라고 자신 있게 말할 수 있는가? 만일 그렇지 않다면 '역사는 진일보하는가?' 라는 말에 의문을 가질 수밖에 없다.

**온전한 땅, 전주에서 신정일**

정의는 강한 자의 이익이요, 불의는 자기를 위한 이익이다.
현실 속에서 의롭게 사는 사람은 언제나 손해 보는 사람이고,
남에게 좋은 일만 하는 사람이다.
이런 사람은 다른 사람을 행복하게 해줄 뿐이며,
자기 자신을 행복하게 하지는 못한다.
그러나 현실 속에서 불의하게 사는 사람은
언제나 자기 자신의 이익을 추구하기 때문에
의롭게 사는 사람보다 더 많은 것을 얻고 행복하게 살 수 있다.

**- 소피스트 트라시마코스, 플라톤 《국가》 1권**

# 목차

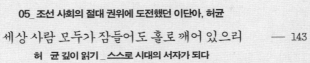

새 시대를 설계한 비운의 혁명가, 정도전

# 정치의 소임은
# 세상의 정의를 바로잡는 것이다

"사서오경을 달달 외우고, 입으로 공맹의 말씀을 달달 외운다고 해서
군자가 되는 것이 아니다. 노동의 고통을 모르고, 무의를 모른다면,
머리에 똥만 가득 찬 밥버러지임을 명심해야 할 것이다."

"모든 백성이 존중받고, 각자 자기 땅을 가지고 농사를 지으며,
군자처럼 사는 세상을 만들고자 합니다."

가난하고 헐벗은 백성을 나라의 중심에 세우고자 했던 불세출의 혁명가
삼봉三峰 정도전鄭道傳이 태조 이성계李成桂를 처음 만났을 때 한 말이다.

삼봉 정도전. 그는 조선의 주춧돌을 놓은 사람이었지만 역적逆賊이라는
오명을 쓴 채 삶을 마감해야 했던 비운의 선비이기도 하다. 하지만 그의 철
학과 사상만은 면면히 살아남아 조선왕조 5백 년을 지탱하는 힘이 되었다.

충북 단양군 하괴리와 도담리 사이 남한강 맑은 물이 굽이치는 한가운데
에는 세 개의 바위 봉우리가 우뚝 솟아 있어 보는 이들에게 신비함을 안겨
준다. '도담삼봉嶋潭三峰'이라 불리는 이 바위에는 불안하고 어지러운 시대를
살면서 혁신적인 사상을 통해 새로운 나라 조선을 열었던 정도전의 자취가
가득 서려 있다.

전해오는 이야기에 의하면, 도담삼봉은 원래 강원도 정선의 삼봉산이 홍수로 불어난 물에 떠내려온 것이라고 한다. 그 때문에 단양에서는 매년 정선에 꼬박꼬박 세금을 냈다고 한다. 그런데 한 소년의 기지로 인해 세금을 더는 내지 않게 되었다.

소년은 세금을 받으러 온 정선 관리를 향해 이렇게 말했다고 한다.

"우리가 삼봉을 떠내려오라고 한 것도 아니고, 오히려 물길이 막혀 피해를 보고 있소. 그러니 더는 세금을 낼 이유가 없소. 필요하면 다시 가져가시오."

그 소년이 바로 정도전이었다. 그는 이곳 도전리에서 태어났는데, 어린 시절 도담삼봉을 벗 삼아 놀았던 탓에 호를 '삼봉'이라고 지었다. 이곳에는 그와 관련된 전설이 하나 더 전해져 오고 있다.

그의 아버지 정운경鄭云敬은 젊은 시절 이곳을 지나다가 관상쟁이 하나를 우연히 만났다. 그는 정운경에게 십 년 후 결혼하면 재상宰相이 될 아이를 가질 것이라고 예언하였다. 그 말대로 정운경은 십 년 뒤 한 여인을 만나 사내아이를 낳았다. 아이의 이름은 길에서 얻었다고 하여 도전道傳이라고 하였다.

정도전의 어머니는 산원散員(고려시대 정8품의 무관) 우연禹延의 딸이었는데, 그는 김전金戩이라는 중이 여종과 정을 통해 낳은 여인을 아내로 맞았다. 그 여인이 바로 정도전의 외할머니였다.

－《삼봉집三峰集》

《삼봉집》첫머리에 실린 이 이야기가 사실인지 아닌지는 분명치 않다. 다만, 그의 가계家系가 미천하다는 것만은 틀림없는 사실이다. 그리고 이는 철저한 신분제 사회였던 고려와 조선에서 그의 치명적인 약점으로 작용하였다. 그래서일까. 조선시대에 사람이 죽으면 그의 일생이 기록되어 있는 행장行狀(사람이 죽은 뒤에 그가 지낸 이력과 업적을 기록한 글)과 신도비神道碑(임금이나 종 2품 이상 벼슬아치의 무덤 앞이나 근처 길목에 세워 죽은 사람의 업적을 기리는 비석), 묘비墓碑 (무덤 앞에 세워진 돌로 된 비문) 등을 남겼지만, 그는 아무것도 남기지 못하였다. 심지어 그가 언제 태어났는지에 대한 기록조차 남아 있지 않다.

## 유배, 백성들의 고단한 삶에 눈뜨다

그는 아버지 정운경이 벼슬을 지낸 탓에 일찍부터 고려의 도읍인 개성에서 살았다. 이는 그가 미천한 신분임에도 이색李穡의 제자인 정몽주鄭夢周, 이숭인李崇仁 등과 같은 걸출한 인물들과 어울리며 학문을 닦을 수 있는 계기가 되었다. 특히 《경사經史(《경서》와 《사기》를 아울러 이르는 말)》와 성리학性理學에 능했던 그는 이색 문하에 들어가 당대를 대표하는 선비 정몽주, 이존오李存吾, 김구용金九容, 윤소종尹紹宗, 박의중朴宜中 등과 운명적인 만남을 갖게 되었다.

1362년 진사시에 급제한 그는 첫 관직으로 충주 사목事目으로 부임하였다. 하지만 그로부터 7년 후 중국에서 원나라가 망하고 명나라가 일어났다. 당시 고려 왕이었던 공민왕은 젊은 시절 원나라에 오래 머물렀고, 원 황제의 부마였음에도 지독하리만큼 원을 싫어했다. 이에 새로 일어난 명에 친서를 보내 호의를 표시하곤 했는데, 명에서도 이를 적극적으로 받아들여 고려와 명 사이에 두터운 우호 관계가 형성되었다. 심지어 명의 연호까지 사용하였다. 그러던 중 전혀 예상하지 못했던 일이 일어났다.

"스승은 나를 구하고, 나는 스승을 구하여 어떤 일이 있어도 남의 말을 듣고 의혹을 품지 않을 것"이라고 맹세했던 신돈辛旽에게 공민왕이 배신당하고 홍륜洪倫 등에 의해 불의의 죽임을 당하고 만 것이다. 그러나 고려 조정에서는 공민왕의 죽음을 명에 전하기를 두려워했다. 명 역시 마찬가지였다. 그들은 고려의 친원파가 다시 세력을 얻을 것을 유독 경계하였다. 문제는 그때부터 양국 관계가 껄끄러워지기 시작했다는 것이다.

정도전이 정치와 외교 방면에서 제 목소리를 내기 시작한 것도 바로 이때부터였다. 그는 원이 지고, 명이 일어나는 국제 정세의 흐름을 통찰하면서 공민왕의 외교정책을 적극 지지하였다. 이는 당시 신진 정객으로 급부상하고 있던 신진사대부들 역시 마찬가지였다. 그 결과, 그와 신진사대부는 구파 세력의 노회한 정객들, 즉 권문세족과 자주 대립할 수밖에 없었다.

1370년 정도전은 정몽주와 함께 성균관 박사로 재직하였다. 훗날 운명을 달리하게 된 두 사람은 매일같이 명륜당에서 공부하고 강론을 하면서 우정을 쌓아 나갔다. 하지만 실력에서 확연한 차이가 났다. 정몽주가 세 번 계속해서 과거에 급제한 반면, 정도전은 그 자리를 유지할 뿐이었다.

선생은 더불어 이야기하기를 평생의 친구처럼 하시고 드디어 가르침을 주시어 날마다 듣지 못한 바를 들었다.

-《삼봉집》

이는 정몽주가 세 번 연속 과거에 급제한 후 그를 찾아갔을 때의 마음을 적은 것으로, 그를 향한 마음이 얼마나 지극하였는지 알 수 있다.

이듬해 그는 태상박사太常博士에 임명되었고, 5년 동안 전선銓選(이조와 병조에서 행한 인사 행정)을 관장하였다. 그러나 북원北元(명나라에 의해 중국 본토에서 몽골 지방으로 쫓겨간 원의 잔존 세력)의 사신을 맞이하는 문제로 이인임李仁任, 경복흥慶復興 등의 권신세력과 맞서다가 전라도 나주羅州 거평부곡居平部曲으로 유배되고 말았다. 정몽주 역시 경상도 언양彦陽으로 유배되었다. 당시 그가 정몽주에게 보낸 편지가 전하고 있다.

어찌하여 마음이 같은 벗들이
각자 하늘 한구석 떨어져 있나
이따금 생각이 여기 미치면
나도 몰래 마음이 서글퍼지네
봉황은 천 길 높이 날아올라서
선회하다 오동에 내려앉는데
이 사람은 출처의 이치 어두워
행동마다 법률에 저촉되었네
지란은 사를수록 향기가 짙고

좋은 금은 갈수록 더욱 빛나니

우리 함께 곧은 행동 굳게 지키어

영원히 서로 잊지 않기로 하세.


夫何同心友

各在天一方

時時念至此

不覺令人傷

鳳凰翔千仞

徘徊下朝陽

伊人昧出處

一動觸刑章

芝蘭焚愈馨

良金淬愈光

共保堅貞操

永矢莫相忘

- 《삼봉집》


정몽주 역시 벗의 마음을 읽기라도 한 듯 그에게 편지를 보냈다.


정생이 동쪽으로 아득히 먼 길 가니

철령관 높이 솟고 화각 소리 가을이라

막빈에 든 사람 중 그 누가 으뜸인가

달 밝을 때 그 사람 유공루(庾公樓 - 진晉나라 명신 유량이 벼슬에서 물러난 후 세운 누각)

에 기댔으리!

鄭生東去路悠悠

鐵嶺關高畵角秋

入幕賓中誰第一

月明人倚庾公樓

**- 《삼봉집》〈증삼봉贈三峰〉**

그러나 유배流配라는 형刑은 그에게 세상과 삶을 다시 돌아보게 만드는
계기가 되었다. 백성들과의 교류를 통해 백성들의 고단한 삶에 비로소 눈뜨
게 되었기 때문이다. 이에 평생에 걸쳐 모든 사상의 근원을 '민본民本'에 두게
되었고, 잘못된 점을 바로잡고자 노력하였다.

나는 겨울은 갖옷 한 벌, 여름은 갈옷 한 벌로 나면서 일찍 자고 늦게 일어
났다. 행동하는 데 구속되지 않았고 음식도 마음대로 먹었다. 몇몇 사람들
과 강론을 하다가 개울을 따라 산골짜기를 오르내렸는데, 피곤하면 쉬었고
흥이 나면 걸었다. 경치가 아름다운 곳을 만나면 이리저리 구경하며 휘파람
을 불고 시를 읊느라고 돌아갈 줄 몰랐다. 어떤 때는 농사꾼이나 시골 늙은

이를 만나 싸리포기를 깔고 앉아서 서로 위로하기를 오랜 친구처럼 하였다.

–《소재동기消災洞記》

그는 세상의 평판에 대해서 그다지 신경 쓰지 않았다. 누가, 언제, 어떻게 보느냐에 따라 쉽게 변할 수 있는 것이 평판이었기 때문이다.

정도전이 일찍이 관아에 출근하는데 신 한 짝은 희고 한 짝은 검은 것이 었다. 공석에서 서리가 고하니 공이 내려다보며 한 번 웃고는 끝내 바꾸어 신지 않았다. 그리고 일을 마치고 말을 타고 갈 때 웃으면서 하인에게 말하기를 "너는 내 신이 한 짝은 검고, 한 짝은 흰 것을 괴상하게 여기지 말라. 왼쪽에서는 흰 것만 볼 것이요, 오른쪽은 검은 것만 볼 것이니, 무슨 걱정이 있겠느냐?" 라고 하였다.

–《필원잡기筆苑雜記》

서른다섯 살 되던 1377년 유배에서 풀려난 그는 4년 동안 고향에 머문 후 삼각산 아래 삼봉재三峰齋라는 초가집을 짓고 후학을 가르쳤다.

## 이성계와의 만남, 새로운 시대를 꿈꾸다

1383년은 그에게 있어 운명적인 해였다. 9년에 걸친 유랑생활을 청산하고 동북면 도지휘사로 있던 이성계를 찾아간 것이다. 《용비어천가龍飛御天歌》에 따르면, 이성계가 거느린 부대가 기강이 엄하고 대오가 잘 정돈되어 있음을 본 그가 매우 감탄하였다고 전한다.

"정말 훌륭합니다. 이런 군대라면 무슨 일인들 못 하겠습니까?"

새로운 시대를 향한 그의 각오와 혁명의 결의는 이미 이때부터 싹트고 있었다. 이에 군영 안에 있던 오래된 소나무에 백묵으로 시 한 수를 남겼다.

> 오랜 풍상을 겪은 한 그루 소나무
> 푸른 산 수만 겹 속에서 자랐구나
> 잘 있다가 다른 날에 만나볼지
> 세상을 살펴보니 모두 티끌 자취로세.

> 蒼茫歲月一株松
> 生長靑山幾萬中
> 好在他年相見否
> 人間俯仰便陳踪

― 《태조실록》

이성계는 1335년 10월 11일 함경도 영흥에서 태어났다. 《태조실록》에 의하면, "태어나면서부터 총명했고, 콧마루가 높은 용의 상으로, 풍채가 매우 좋았으며, 슬기와 용맹이 뛰어났다." 라고 한다.

사실 이성계에게도 괴로운 시절이 있었다. 당시 권문세족은 무장武將인 그를 무시하고 헐뜯기에 혈안이 되어 있었는데, 공양왕 역시 그 말을 믿고 그를 제거하려고 하였다. 이에 악선전에 시달리다 못한 그는 고향으로 돌아가고자 하였다. 이때 그를 말리고 나선 사람이 바로 정도전이었다.

"공의 한 몸에 종묘사직이 달려 있는데, 어찌 거취를 가벼이 할 수 있겠습니까? 머물러서 왕실을 돕는 것만 못 합니다. 어진 사람을 나아가게 하고 불초不肖한 사람을 물리쳐서 기강을 진작시킨다면 참언은 저절로 그칠 것입니다. 지금 한 구석에 물러나 계신다면 참언은 더욱 불붙어서 반드시 화가 클 것입니다."

정도전이 이성계를 만난 것은 숨어 있던 용이 여의주를 얻은 것이나 마찬가지였다.

> (정도전이) 조선을 개국할 즈음, 가끔 취중에 중얼거리기를 "한고조가 장량을 쓴 것이 아니라 장량張良(한고조 유방의 개국공신 중 한 명)이 한고조를 쓴 것이다." 라고 하였다. … (중략) … 무릇, 나라를 세울 때 그의 꾀를 쓰지 않는 것이 없었다. 끝내 대업을 이루어 진실로 으뜸의 공을 세웠다.
>
> **-《태조실록》7년 8월의 기록**

이렇게 말할 수 있었던 것은 그가 이성계의 오랜 참모였을 뿐만 아니라 두 사람 사이에 동지애적인 친밀감이 자리하고 있었기 때문이다. 이에 이성계 역시 왕위에 오른 후 술에 취할 때마다 그의 공을 치하하곤 하였다.

"삼봉이 아니었다면, 내가 오늘 이 자리에 감히 오를 수 있었겠는가?"

그럴 때마다 그는 항상 이렇게 답하였다.

"제환공齊桓公이 포숙鮑叔에게 나라를 다스리는 방법을 물었을 때 포숙은 '계서는 모친의 고향인 거莒나라에 있을 때를 잊지 않고, 저는 죄인의 수레에 실려 있던 때를 잊지 않으면 됩니다.' 라고 하였습니다. 그러니 전하께서는 말에서 떨어졌을 때를 잊지 않고, 신은 목에 쇠줄이 매였을 때를 잊지 않으면 자손 만세를 기할 수 있을 것으로 생각합니다."

이에 태조太祖는 즉시 사람을 시켜 〈문덕곡文德曲〉을 부르게 하고, 그에게 눈짓을 보내며 이렇게 말하였다고 한다.

"이것은 경이 지은 것이니, 경이 일어나서 춤을 추시게."

그러면 그는 즉시 일어나서 춤을 추었다.

태조가 얼마나 그를 끔찍하게 생각했는지 보여주는 글은 또 있다.

그가 함경도에 봉사奉使(임금의 명을 받고 지방이나 외국으로 나가던 일)로 나갔을 때 태조가 직접 서신을 보냈는데 겉봉에는 '삼봉은 뜯어보오' 라고 쓰여 있었다.

서로 작별한지 여러 날이 되어 생각함이 자못 깊기에 사람을 보내어 소식을 전하려던 참이었소. 그런데 마침 최긍崔兢이 오게 되어 안부를 자세히 알고 나니 조금 위안이 되고 마음이 풀리오. 솜옷 한 벌을 보내어 이슬 바람을 방지하도록 하고자 하니 받아주면 고맙겠소.

－《해동잡록海東雜錄》

그 역시 태조를 생각하는 마음이 지극하기는 마찬가지였다. 이에 태조가 안쓰러워 보일 때면 자리를 가리지 않고 어린아이처럼 대성통곡하였으며, 태조를 향한 충심 역시 절대 변하지 않았다고 한다.

강녕전에 대해 말씀드리면 《서경書經》〈홍범洪範〉 편에서 아홉 가지를 거론했는데, 홍범의 아홉 번째가 오복伍福이며, 그중 세 번째 복이 '강녕'이라는 복입니다. 임금이 마음을 바르게 하고 덕을 닦아 황극皇極을 세우면 능히 오복을 누릴 수 있습니다. 오복에서 중간에 해당하는 세 번째 강녕을 거론함으로써 그 나머지의 복도 모두 포괄하고자 하는 것입니다. … (중략) … 대개 황극의 공부는 아무도 없이 홀로 편안히 쉬는 곳에서 시작되는 것입니다. 바라건대, 전하께서는 무공武公이 스스로 경계한 시詩를 모범으로 하여 안일安逸에 빠지기 쉬운 마음을 경계하고 대신 경외敬畏하는 마음을 보존하여 황극의 복을 누리시고 또 그 복이 자손만대에 영원히 전해지게 하소서. 이런 이유에서 침실의 이름을 강녕전이라고 하였습니다.

—《태조실록》

## 위화도 회군, 정국을 사로잡다

1388년 고려의 자주성을 회복하고 고구려의 옛 땅을 되찾기 위한 요동 遼東 정벌이 계획되었다. 요동 정벌은 고려의 명장 최영崔瑩이 주도한 것으로,

우禑왕은 최영과 이성계를 친히 불러 출병을 명하였다. 그러나 이때 이성계는 이를 반대하는 네 가지 이유, 즉 사불가론四不可論을 내세웠다.

첫째, 작은 나라가 큰 나라를 거역하는 것은 불가하다.

둘째, 여름에 군사를 동원하는 것은 농사에 지장을 초래하니 불가하다.

셋째, 요동 원정을 틈타 왜구가 침략할 우려가 있으니 불가하다.

넷째, 장마로 인해 활에 먹인 아교가 풀릴 염려가 있고, 군사들이 병에 걸릴 수 있으니 불가하다.

그러나 우왕은 그에게 거듭 출병을 명하였다. 이에 군대를 평양에 잠시 머물게 한 후 가을에 출병하면 좋겠다고 거듭 요청하였지만 이마저도 거부당하고 말았다. 할 수 없이 출병한 그는 물이 불어 도저히 압록강을 건널 수 없자 함께 갔던 조민수曹敏修를 꾀어 위화도威化島에서 회군回軍을 감행하고 만다. 이것이 바로 위화도 회군이다.

1388년 6월에 일어난 위화도 회군은 말 그대로 쿠데타였다. 이 거대한 사건으로 인해 이성계와 조민수는 손쉽게 정권을 손에 넣을 수 있었다. 그리고 무인이었던 두 사람 뒤에는 문신 정도전과 조준趙浚이 있었다.

이성계를 중심으로 한 신진 세력은 정권을 잡은 후 가장 먼저 우왕을 갈아치우고 토지제도의 개혁을 단행하였다. 그런데 우왕을 폐위하는 일에서부터 그만 문제가 생기고 말았다. 조민수와 이색이 우왕의 아들 창昌을 보위에 세우자고 주장한 반면, 이성계 일파는 종친宗親 가운데 한 사람을 세우자고 하였기 때문이다. 이때 우왕의 아들 창이 왕위에 오르는 것을 가장 강력하게 반대했던 사람이 바로 정도전과 윤소종尹紹宗이었다. 우왕의 아들 창이 왕위에 오르면 우왕을 폐한 의미가 없기 때문이다. 나아가 이는 정도전과 이성계의 정책을 실현할 수 있는 인물로 교체하려는 계획이 좌절됨을 의미하였다. 그 때문에 정도전에게 있어 창왕의 즉위는 매우 중요한 일이었다. 그러나 결국 그 싸움에서 이성계 일파가 지고 말았다. 이로 인해 정도전은 스승이었던 이색은 물론 평생의 벗이라고 생각했던 정몽주와도 멀어지고 말았다.

이색은 세상이 어떻게 바뀌어도 도리는 변하지 않는다고 믿었다. 하지만 정도전은 달랐다. 그는 사물을 바르게 다루어야만 도리가 살아난다고 생각하였다. 그는 나라가 안팎으로 위기에 몰려 있을 때 은거하면서 선비의 도리를 다한다는 것은 결코 있을 수 없는 일이라고 생각하였다.

선비라고 일컫는 자들은 헌 갓과 낡은 옷을 걸치고 조심스럽게 고개를 내밀었다 움츠렸다 하며 그저 관망만 한다. 겨우 자기 몸 하나 보전할 생각만 하고 문서를 다루는 말단의 자리에 앉아도 능력을 발휘하지 못한다. 하물며 조정에서 눈을 부릅뜨고 담력을 내보이며 의연히 도리의 경중을 따질 수 있겠는가. 부끄럼 없는 자는 말을 꾸미고 조그만 재주를 부리며 요행을 따르기에 분주하다. 벼슬을 하지 않고 지낼 때는 담론이 이르지 않는 데가 없지만 일을 맡기면 망연해서 어찌할 바를 모른다.

－《삼봉집》〈송조생부거서送趙生赴擧序〉

## 기사회생, 죽음의 위협에서 벗어나다

1398년 정도전은 이성계, 조준趙浚, 심덕부沈德符, 지용기池湧奇, 설장수偰長壽, 성석린成石璘, 박위朴葳 등과 모의하여 창왕을 폐위하고 공양왕을 옹립하기에 이른다. 이로 인해 그는 좌명공신佐命功臣에 봉해졌고 삼사우사三司右使, 지경연사知經筵事를 거친 후 정당문학政堂文學이 되어 성절사 겸 변무사辨誣使가 되어 명나라에 가 윤이尹彝와 이초李初의 무고 사건(1390년, 공양왕 2년 고려의 무신 윤이와 이초가 명나라에 찾아가 주원장에게 이성계가 명나라를 치려고 한다며 무고한 사건)을 해결하고 돌아왔다. 뒤이어 동판도평의사사사同判都評議使司事 겸 성균관 대사성이 되었고, 1391년 삼군도총제부 우군총제사가 되어 병권을 장악하였다. 그러나 호사다마랄까. 1391년 그동안 침묵하고 있던 수구파의 대반격이 일어났다. 이로 인해 그는 봉화에 유배되었다가 다시 전라도 나주로 유배되면서 공신녹권功臣錄券(고려와 조선에서 공신에게 수여하던 상훈 문서)을 모두 빼앗기고 말았다. 그리고 이듬해 봄, 이성계가 사냥하던 중 낙마하는 일이 생겼다. 고려 왕조를 옹호하던 정몽주, 김진양金震陽, 서견徐甄 등은 이를 기회 삼아 정도전을 제거하기 위한 상소를 올리기에 이른다.

정도전은 미천한 출신으로 교묘하게 당상관 자리에 앉아 참언으로 남을 엮어 넣어서 많은 사람을 죄에 연루시켰습니다. 그리고 조준은 정도전과 마음을 함께하고 변란을 부채질하여 사람들을 유인하고 위협하였습니다. 또한, 남은南誾은 정도전의 뜻에 맞추기 위해 감히 욕설과 불경한 말을 하여 전하의 뜻을 어지럽히고 사리사욕을 채웠습니다. 그러니 조준과 남은의 직첩과 공신녹권을 회수하고 그 죄를 국문하여 처벌하소서. 그리고 정도전은 유배지에서 처형하여 후세에 경계가 되게 하소서.

－《고려사》〈정도전 열전〉

결국, 정도전은 보주(甫州, 지금의 경북 예천) 감옥에 투옥되고 말았다. 그는 이때의 심정을 〈산거춘일즉사山居春日卽事〉라는 시에 담았다.

한 그루 배꽃은 눈부시게 밝은데
지저귀는 산새는 봄볕을 희롱하네
은둔자 홀로 앉아 무심하니
뜰에 스스로 돋아난 풀만 한가로이 바라보네.

一樹梨花照眼明
數聲啼鳥弄新晴
幽人獨坐心無事
閒看庭除草自生

그러나 세상은 그에게 한가하게 봄날의 경치만 바라보게 가만히 내버려두지 않았다. 대사헌 강회백姜淮伯을 비롯한 여러 대신이 그를 죽이라는 상소를 또 올린 것이다.

조준과 정도전은 악의 뿌리요, 남은과 윤소종 등은 악의 뿌리를 북돋워 덩굴을 자라게 하는 사람입니다. 어제 신臣 등이 상소하여 벨 것을 청했으나 오직 정도전만이 특별히 윤허를 얻었고, 그 나머지는 외방으로 쫓는 데 그 쳤습니다. 비록 죄는 같으나 벌은 다르게 되었으니, 조준 등도 마땅히 극형에 처하게 하소서.

-《**고려사**》〈**정도전 열전**〉

그러나 그는 죽음에 대해서 그다지 개의치 않았다.

예로부터 죽음은 누구에게나 있으니
도둑질한 편안은 편안이 아니다
멀고 먼 천 년 후에도
영웅의 뜻은 가을 하늘에 비끼리.

自古有一死
偸安非所安
千載下
英烈橫秋天

대신들의 끊임없는 상소에 공양왕은 결국 다음과 같이 명하였다.

"먼저, 남은 등을 국문하여 조준, 정도전과 관련이 있음을 밝힌 후 국문을 하는 것이 옳다."

《태조실록》에 의하면, 이후 정몽주는 측근 김귀련金龜聯, 이반李蟠 등에게 정도전, 조준, 남은의 귀양지에 몰래 가서 고문을 가해 죽여 버리라는 밀명을 내렸다고 한다. 그러나 역사의 물길은 그의 뜻과는 전혀 다른 방향으로 흐르고 말았다. 1392년 4월 이방원李芳遠의 심복 조영규趙英珪 등에 의해 그 자신이 먼저 선죽교善竹橋에서 죽임을 당하고 말았기 때문이다. 그 결과, 정도전은 기사회생할 수 있었다.

## 민본, 백성은 국가의 근본이자 군주의 하늘이다

조정에 복귀한 정도전이 가장 먼저 한 일은 사전私田 혁파였다. 당시 대대로 권세를 누려온 권문세족은 수많은 토지를 갖고 있었다. 그 양 역시 국가 소유의 땅보다 훨씬 더 많았다. 그들은 토지를 독점하면서 일반 백성들에게 소작을 주었고, 소작인들은 귀족들에게 곡식을 바치는 것은 물론 일꾼의 품삯을 물어주거나 귀족들이 요구하는 물건을 직접 사서 바쳐야 했다. 또한, 귀족들이 행차할 때 여비는 물론 곡식을 실어 나르는 비용 역시 손수 감당해야 했다. 이런 비용이 대략 생산량의 7~8할에 이르렀다.

정도전은 지방 수령으로 있을 때부터 이런 폐단에 대해서 누구보다도 더 잘 알고 있었다. 이에 사전에서 나오는 곡식 중 일정량만 제외하고는 모두 관가로 돌리게 하는 개혁을 단행하였다. 이성계가 그의 뒤에서 버티고 있었기에 가능한 일이었다.

1392년 7월 7일, 정도전은 조준, 남은 등 쉰 명의 선비들과 함께 이성계를 추대하여 새로운 나라를 세운다. 그리고 7월 28일 조선의 국정을 밝힌 포고문을 발표하기에 이른다. 9월 16일에는 개국공신 명단과 포상 내용이 결정되었다. 이때 정도전은 1등 공신으로 뽑혀 토지 2백 결과 노비 스물다섯 명을 포상으로 받았다. 9월 28일에는 공신을 비롯하여 세자와 왕자들이 충효계忠孝契를 만들어 다음과 같은 맹세문을 공포하였다.

시작을 잘하는 사람은 많으나 끝을 잘 맺는 사람은 적음을 옛사람들은 스스로 경계하였다. 일을 함께한 우리는 모두 성심성의껏 임금을 섬기고, 믿음으로 서로 사귀어야 할 것이다. … (중략) … 잘못한 일이 있으면 고쳐주고 의심나는 것이 있으면 물어보며, 병이 나면 서로 돌봐 주고, 재난이 있으면 서로 구원할 것이다. 우리 자손들에게까지 대대로 이 맹세를 지켜나가게 할 것이다. 만약 어기는 일이 있을 때는 천지신명께서 용서하지 않을 것이다.

-《태조실록》

새 왕조가 들어선 후, 그는 가장 먼저 국가 이념과 통치 제도를 정립한다. 나아가 사전 혁파를 더욱 공공이 하여 국가 소유의 공전公田과 균전均田 수를 늘리는 데 힘썼다. 이는 고려 기득권 세력의 경제적 이권을 박탈하여 국가 또는 농민의 소유로 전환하고자 했기 때문이었다. 다른 한편으로, 그가 온 힘을 기울인 것은 한양 천도였다. 그도 그럴 것이 개성에는 고려의 옛 신하늘과 세력가들이 모여서 여전히 고려의 부활을 꿈꾸고 있었다. 이에 1393년 한양 천도를 단행하면서 수도 경영을 주도하기에 이른다. 그리고《조선경국전朝鮮經國典》을 지어서 조선의 건국이념인 "무릇, 군주는 국가에 의지하고, 국가는 백성에 의지한다. 그러므로 백성은 국가의 근본인 동시에 군주의 하늘이다." 라는 국가 경영 원칙을 선포하기에 이른다.

1395년 10월 5일, 새로운 궁궐이 완성되자 태조는 정도전에게 그 이름을 지어 바칠 것을 명하였다. 그러자 그는《시경詩經》〈주아周雅〉편에 있는 시구를 인용해 '경복궁景福宮'이라고 이름을 붙였다.

이미 술에 취하고 덕에 배부르니, 군자는 영원토록 그대의 큰 복을 모시리라.

旣醉以酒 旣飽以德 君子萬年 介爾景福

—《태조실록》

## 꿈, 이방원에 의해 꺾이다

파란만장波瀾萬丈. 이보다 더 정도전의 정치 역정을 적확하게 표현한 말은 없을 것이다.

1396년 명 황제 주원장은 표전문제(表箋問題, 신하가 자기 생각을 서술하여 황제에게 고하는 상주문)를 구실로 정도전을 명으로 압송하라는 명령을 내린다. 그러나

태조는 이에 불복한다. 당시 명은 조선에 대해 양면정책을 구사하면서 끊임
없이 전쟁 위협을 가하는 한편 자신들을 지지하는 이방원 일파을 뒤에서
적극적으로 후원하면서 정도전 일파와 대립하도록 하였다. 이에 정도전은
어느 순간부터 명이 점령하고 있던 고구려의 옛 땅 요동을 반드시 정복하겠
다는 야망을 키우고 있었다. 그리고 이를 실행에 옮기기 위해 태조에게 군사
양성을 위한 상소를 올리기도 하였다.

정도전, 남은, 심효생 등이 군사를 일으켜 요동을 칠 계획을 하고 〈오진
도伍陣圖〉와 〈수수도蒐狩圖〉를 지어 태조에게 바쳤다. 그 후 훈련관을 두어 절
제사와 군관, 무반들에게 진법을 연습하게 하였고, 각 도에 사람을 보내어
이것을 따로 가르쳤다.

－《태조실록》

그때부터 정도전은 요동 정벌 계획에 박차를 가하며 군량미 확보와 진법
훈련, 사병 혁파 등을 적극적으로 추진하였다. 특히 직접 진도陳圖를 만들어
중앙 관리는 물론 각 지방 군사들에게 이를 철저하게 연습하게 하였다. 그리
고 마침내 요동 정벌을 공식화하기에 이른다. 1397년 6월 14일의 일이다.

"우리라고 해서 어찌 중원 천하를 평정하지 못하랴!"

하늘 역시 그의 편이었다. 이듬해 5월 그를 그토록 괴롭히던 명 황제 주원
장이 죽은 것이다. 이를 기회로 그는 이방원을 전라도로, 이방번李芳蕃을 동
북면으로 보내려고 하였다. 군대를 관리하게 한다는 명분 아래 각 도의 절

제사로 보내려고 한 것이지만, 기실 요동 정벌이란 대의명분을 이용해서 왕자들과 무장들이 갖고 있던 병권을 완전히 제압하기 위함이었다. 그러나 이런 이야기들이 이방원의 귀에 먼저 들어가고 말았다. 때마침 그는 정도전이 왕자들을 제거하려고 한다는 의심을 하고 있었다. 이에 정도전 일파를 비롯한 조정 중심 세력의 동정을 낱낱이 파악하고 있었다. 그리고 마침내 형 이방의李芳毅와 이방간李芳幹의 세력을 규합하고, 처남 민무구閔無咎, 민무질 閔無疾 형제, 그리고 심복 이지번李之蕃을 동원하여 정도전 일파를 처단하기로 결심한다. 당시 왕자들은 정도전의 사병 혁파 정책으로 인해 모든 무기를 조정에 반납한 상태였지만, 이방원의 아내 민 씨는 후일을 대비해 그것을 반납하지 않고 창고에 철저히 감춰두고 있었다.

짙은 야음을 틈타 이방원 일파는 정도전 일행이 모여 있던 남은의 첩이 살고 있던 집을 급습하였다. 마침 집을 지키던 종들은 모두 잠들어 있었고, 정도전 등은 불을 밝혀놓은 채 담소를 나누고 있었다.

당시 상황을《태조실록》은 다음과 같이 기록하고 있다.

정도전은 안방에 숨어 있다가 소근小斤(이방원의 종) 등이 밖으로 나오라며 호통을 치자 짤막한 칼을 손에 쥔 채 걷지도 못하고 벌벌 기어 나왔다. 칼을 놓으라고 소리치니, 정도전은 칼을 내동댕이치고 문으로 나오면서 이렇게 말하였다.

"죽이지 말라. 죽이더라도 한마디만 하고 죽게 해 달라."

잠시 후 끌려 나와 정안군(이방원) 앞에 이른 정도전은 이렇게 말하였다.

"옛날에도 공이 나를 살려주었으니, 오늘도 부디 살려주시오."

옛날이라고 하는 것은 임신년 사건(고려 말 정몽주가 이성계 일파에게 반격을 가해 정도

전이 처형당하게 되었을 때 이방원이 정몽주를 선죽교에서 격살하여 살아난 사건)을 가리키는 것

이었다.

그러나 정안군은 "네가 조선의 봉화백奉化伯이 되고서도 부족한 것이 있

었더냐? 왜 이리 악행을 저지른단 말이냐?"라며 목을 베어 죽이라고 명하

였다.


정도전과 그의 일파를 제압한 이방원은 조준 등을 앞세운 채 즉시 궁궐

로 들어갔다. 그때 태조는 해소병(폐결핵)으로 인해 궁궐 안 서량정西凉亭에서

요양하고 있었는데, 제아무리 신하들이 이방원을 먼저 치자고 해도 묵묵부

답이었다. 결국, 그 역시 아들 이방원에게 굴복당한 채 세자 방석芳碩을 내줄

수밖에 없었다. 그 결과, 세자는 대궐 문을 나서자마자 살해당하고 말았고,

세자의 동복형이었던 방번芳蕃 역시 한강 건너 양화나루 객사에서 죽고 말

았다.

역사 속에서 제1차 왕자의 난이라고 불리는 이 사건은 그렇게 끝을 맺었

다. 그렇다면 정도전은 정말 왕자들을 없애려고 했을까.

그가 왕자들의 사병을 혁파한 것은 엄연한 사실이다. 그러나 이를 통해

궁극적으로 왕자들을 제거하려고 했다는 사실은 그의 측근이었던 조준조

차 알지 못했다. 이로 미뤄보건대, 이는 훗날 이방원 일파에 의해 꾸며진 이

야기가 아닌가 싶다.

태조 이성계는 사랑하는 아들 방석과 방번이 살해되었다는 소식을 듣고 왕위를 둘째 아들 방과芳果에게 물려준 후 함흥으로 돌아가 세상과의 모든 인연을 끊고 불교에 귀의해 참회의 나날을 보냈다. 하지만 그 와중에 다시 2차 왕자의 난이 일어났다. 사실 정종定宗은 대를 이을 아들이 없었을 뿐만 아니라 늘 병에 시달리고 있었다. 그러자 왕위 계승 서열에서 밀린 방간이 이에 불만을 품고 군사를 동원하여 방원과 일전을 벌인 것이다. 동대문, 선죽교, 남산 등에서 전투가 벌어졌고, 목숨을 건 싸움 끝에 방원은 형 방간을 생포하여 토산으로 유배를 보냈다. 그리고 마침내 왕위에 오르니, 그가 바로 조선 3대 임금 태종太宗이다.

삼봉 정도전. 그가 혼신의 정열을 쏟으면서 이루고자 했던 것은 백성을 근본에 둔 이상적인 국가였다. 이에 백성을 위하고, 나라를 위하는 것을 최고의 가치로 삼았다.

그의 천재적인 열정과 천년대계의 꿈은 왕권에 눈먼 이방원 일파에 의해 허망하게 꺾이고 말았다. 나아가 그의 사상은 조선조 지배 세력에 의해 끊임없이 폄훼되고 소외되었다. 그럼에도 그의 사상과 혁명 정신은 조선왕조 5백 년을 유지시키는 힘이 되었을 뿐만 아니라 오늘날까지 면면히 이어져 오고 있다.

# 살아서 6년, 죽어서 6백 년 조선을 다스리다

**사후 472년 만에 신원 복권된 조선왕조의 설계자**

우리 역사를 보면 시대적 소명을 다 했지만 비극적인 최후를 맞은 이가 적지 않다. 삼봉 정도전 역시 그중 한 사람이다. 기울어져 가는 나라 고려에서 태어나 새로운 나라 조선 건국에 절대적인 공헌을 했지만, 그 후광은 그리 오래 가지 않았다. 이는 그에 대한 조선왕조의 평가만 봐도 알 수 있다. 그는 조선왕조 5백 년 동안 반란을 꾀하다가 발각되어 삶을 마감한 권신權臣으로 평가받았을 뿐이다.

도량이 좁아서 남을 시기하고 겁이 많았다. 자기보다 나은 사람이 있으면 꼭 해치려고 했으며, 옛날에 품었던 감정이 있으면 기어코 보복하려고 했으며, 언제나 임금에게 권하기를 사람을 죽여 위엄을 세우자고 했다. 하지만 임금이 다 듣지 않았다.

－《태조실록》〈정도전 졸기鄭道傳卒記〉

정도전의 부계父系는 향리의 후예로 아버지 대에 이르러 비로소 벼슬다운 벼슬을 지냈다. 특히 모계 쪽에는 노비의 피가 섞여 있어 명문 귀족이나 명분을 중요시하는 성리학자들로부터 무시당하는 경우가 많았다.

조선 건국을 반대했던 그의 벗 정몽주는 충신의 표상이 되어 뭇사람들의 귀감이 되었다. 그러나 조선 건국의 초석을 놓은 그는 모반을 꾀하다 죽은 역신이 된 나머지 언제 태어났는지에 대한 기록조차 남아 있지 않다.

그에 대한 평가는 영·정조대에 와서야 재평가될 수 있었다. 그 후 고종 2년인 1865년 경복궁景福宮(조선왕조의 정궁)을 중건한 흥선대원군은 궁을 설계한 그의 공로를 인정해 그의 봉작封爵(관직과 작위)을 회복시켰고, 1870년에는 그에게 문헌文憲이라는 시호와 함께 유종공종儒宗功宗('유학의 으뜸이자 나라를 일으킨 공이 최고'라는 뜻)이라는 편액을 내렸다. 이로써 그는 죽은 지 무려 472년 만에 온전히 신원이 복권되었다.


**모든 일의 중심을 '백성'에게 두었던 민본주의자**

고려 말은 나라 안팎으로 시끄러움이 극에 달했다. 밖으로는 왜구와 홍건적이 침입해 나라를 혼란에 빠뜨렸고, 안으로는 명문 귀족들의 횡포로 인해 정치 기강이 무너지고, 민생은 도탄에 빠졌다.


재상마다 원수로 자칭했고, 백성치고 한 사람이라도 그들에게 속하지 않는 자가 없었다.

-《고려사》

그는 무려 9년이라는 세월을 유배지에서 보내게 된다. 하지만 그 기간은 그에게 나라와 백성을 위한다는 것이 무엇인지 깨닫게 하였다.

그는 나라가 가난하고 민생이 피폐한 현실을 극복하기 위해 농업 생산력의 증대와 토지 분배 문제에 각별한 관심을 가졌다. 그리고 그 해결책으로 인구수에 따른 토지 재분배와 공전제 및 10분의 1세 확립을 실현하고자 하였다. 아울러 공업과 상업·염업·광업 등을 국가 소유의 산업으로 만들고자 하였다. 이를 토대로 다수의 자작농을 창출함과 동시에 산업의 공영화를 통해 부국강병을 달성하고, 능력에 근거한 사대부 등용으로 관료정치를 구현하고자 하였다. 하지만 그의 이런 개혁안은 상당 부분 법제로서 제도화되긴 했지만, 결국 실현되지는 못하였다.

그가 이상으로 생각했던 정치체제는 재상을 최고 실권자로 하여 권력이 분화된 합리적인 관료 지배 체제였다. 그리고 그 밑바탕에는 통치권이 백성을 위해 기능할 수 있어야 한다는 민본사상이 자리하고 있다. 이에 통치자가 민심을 잃었을 때는 물리적인 힘에 의해서라도 교체할 수 있다는 역성혁명을 주장하였으며, 실제로 혁명 이론에 근거해 조선을 건국하였다.

그는 사농공상士農工商(고려와 조선시대, 직업을 기준으로 가른 신분 계급)의 직접 분화를 긍정하고 지식인을 지배층으로 생각하였다. 하지만 지식인은 반드시 문文·사史·철哲을 겸비해야 하며, 그 지식인 중에서도 능력 위주로 관리가 등용되어야 한다고 생각하였다.

그런 그에 대해 그의 스승 이색은 다음과 같이 평한 바 있다.

벼슬에 나가면 해야 할 일은 반드시 하고, 어떤 일을 당해서도 회피할 줄 몰랐으니, 옛날의 군자君子도 정도전과 같은 사람은 많지 않다. 하물며, 지금 사람이야 말할 것이 있겠는가? 이것이 내가 그를 존경하고 존경하는 이유이다.

－《삼봉집》〈정종지시문록발〉

**조선왕조의 사상적 기반을 닦은 불세출의 혁명가**

조선 초기의 문신이었던 권근은 《삼봉선생진영찬三峯先生眞贊》에서 정도전의 업적에 대해서 다음과 같이 이야기하였다.

성리학과 정치 이론은 이단을 배척하여 유교의 정대함을 밝히고, 정의에 근거해서 일어나는 개국을 도왔다. 그 문장은 영원히 썩지 않을 것이며, 그 감화력은 세상 끝까지 닿았으니 참으로 국가의 중신이며, 후학의 스승이다.

신숙주 역시 "개국 초기에 시행된 큰 정책은 모두 선생이 구상한 것으로, 당시 영웅호걸이 일시에 일어나 구름이 용을 따르듯 했으나 선생과 더불어 견줄 자가 없었다."라며 그를 높이 평가하였다. 하지만 그의 공로가 다른 사람의 업적으로 둔갑한 경우도 있었다. 신채호가 지은 《사론史論》을 보면 다음과 같은 글이 있다.

《고려사高麗史》는 정도전이 저술하다가 역모로 몰려 죽임을 당한 후 김종서金宗瑞가 이어서 완성하였다. 그러나 그 역시 정변으로 인해 죽었기 때문에 세조는 이를 정인지鄭麟趾가 지은 것이라고 하여 행세하게 하였다.

－《사론史論》

5백 년 조선왕조의 군사적 기반을 다진 이가 태조 이성계였다면 사상적 기반을 다진 사람은 누가 뭐라고 해도 삼봉 정도전이다. 그만큼 그는 혼돈의 시대 민본의 이념을 기반으로 새로운 세상을 열고자 했던 불세출의 혁명가이자 탁월한 정치가였다.

"첫눈 내리는 겨울날 가죽옷에 준마를 타고 누런 개와 푸른 매를 데리고 평원에서 사냥하는 것이 가장 즐거운 일"이라고 했다던 그, 비록 그의 호탕한 기개와 꿈은 격변의 소용돌이 속에서 무참히 스러지고 말았지만, 그의 사상과 문장은 지금까지 남아 우리에게 새로운 꿈을 꾸게 하고 있다.

살아서 6년, 죽어서 6백 년 동안 조선을 다스린 미완의 혁명가 정도전. 그가 없는 조선은 상상조차 할 수 없을 만큼 그의 업적은 실로 대단하다.

## ● 정도전 연보 ●

- 1342 충혜왕 복위 3년 정운경의 장남으로 출생

- 15세_ 1357년 (공민왕 6년) 이색의 문하에 들어감

- 21세_ 1363년 (공민왕 12년) 충주사록(정8품)으로 첫 벼슬길에 오름

- 24세_ 1365년 (공민왕 15년) 부모상으로 3년간 시묘살이

- 28세_ 1370년 (공민왕 19년) 성균관 박사(정7품)에 임명

- 33세_ 1375년 (우왕 1년) 친원정책을 반대하다 나주로 유배

- 41세_ 1383년 (우왕 9년) 이성계를 찾아가 역성혁명을 결의

- 46세_ 1388년 (우왕 14년) 밀직부사(정3품) 전제 개혁운동 시작

- 49세_ 1391년 (공양왕 2년) 봉화로 유배, 과전법 반포

- 50세_ 1392년 (태조 1년) 이성계를 임금으로 추대, 조선 개국

- 51세_ 1393년 (태조 2년) 종1품 삼사판사에 임명

- 52세_ 1394년 (태조 3년) 《조선경국전》 완성. 3도 도총제사에 임명

- 53세_ 1396년 (태조 4년) 《고려사》 37권 및 《경제문감》 완성

- 54세_ 1396년 (태조 5년) 삼사판사에서 물러난 후 봉화백에 봉해짐

- 56세_ 1398년 (태조 7년) 8월 26일 제1차 왕자의 난 발생. 이방원에 의해 참수 당함

- 死後_ 1865년 (고종 2년) 대원군에 의해 신원 복원

- 死後_ 1877년 (고종 8년) 문헌文憲이란 시호를 받음

불의한 세상을 바로잡으려 했던 조선 선비의 사표, 조광조

# 선비가 나서야 세상이 바뀐다

"진실로 의義와 이利를 분별하고, 공과 사를 구분할 줄 안다면
일을 처리하는 데 있어 부담함이 없을 것이다."

1519년 11월 15일 밤, 역사상 유례없는 한밤의 숙청이 이루어 졌다. 중종中宗은 밀지密旨(임금이 비밀리에 내리던 명령)를 내려 한때 그의 개혁 파트너였던 대사헌 조광조趙光祖와 그 일파를 잡아들일 것을 명 하였다. 이른바 기묘사화己卯士禍(1519년, 중종 14년 11월 남곤·심정·홍경주 등에 의해 조 광조·김정·김식 등의 사림이 화를 입은 사건)의 시작이었다.

시대를 막론하고, 그 시대의 비리에 대해서 분노하고 직언하는 사람이 으 레 있게 마련이다. 하지만 그들의 삶은 그에 비례해 그만큼 위태롭고 고독하 기 그지없다.

조선에도 그런 인물이 있었다. 정암靜庵 조광조가 바로 그다. 그는 김굉필 金宏弼, 정여창鄭汝昌, 이언적李彦迪과 더불어 동방사현東方四賢으로 불리는 조 선 중종 때의 성리학자이자 개혁주의자로 조선 선비의 사표師表(학식과 덕행이 높아 세상 사람의 모범이 될 만한 사람)로 불리기도 한다.

그는 감찰監察 조원강趙元綱의 둘째 아들로 서울에서 태어났다. 그의 고조부였던 조온趙溫은 개국공신으로 제2차 왕자의 난 때 공을 세워 좌찬성左贊成(종1품의 관직)까지 오른 사람이었다.

어린 시절부터 글 읽기를 좋아했던 그가 학문의 길에 입문한 것은 비교적 늦은 나이였다. 그는 열일곱에 어천찰방魚川察訪으로 부임한 아버지를 따라 희천熙川(지금의 평안북도 영변)으로 갔다. 그리고 그곳에서 유배 중이던 김굉필을 만났으며, 그 인연으로 인해 그에게 학문을 익히게 된다.

김굉필은 점필재佔畢齋 김종직金宗直의 학통을 이은 사림士林으로, 천성이 총명하고 성실했던 조광조는 그의 문하에서도 남달리 두각을 나타내었다. 이에 시문詩文은 물론 성리학을 깊이 연구하는 데 힘을 쏟아 스물을 전후해 가장 성실하고 촉망받는 청년학자로 꼽혔다. 특히 그는 용모 또한 남달랐다고 하는데, 그의 행장行狀(사람이 죽은 뒤에 그 사람의 평생 행적을 기록한 글)을 보면 그의 용모에 대해서 다음과 같이 묘사하고 있다.

난鸞(중국 전설에 나오는 상상의 새)이 앉아 있는 듯, 봉황새가 버티어 선 듯, 옥처럼 윤택하며, 금金처럼 정간하며, 아름다운 난초가 향기를 뿌리는 듯, 밝은 달이 빛을 내는 듯하였다.

－《정암조선생행장靜庵趙先生行狀》

김굉필은 사림의 주축으로 연산군 4년 일어났던 무오사화戊吾士禍(1498년, 연산군 4년 김일손 등 신진사류가 유자광 등의 훈구파에게 화를 입은 사건)에 연루되어 회천

으로 유배되었다가 2년 후 다시 평안도 순천順川으로 옮겨진 후 1504년 갑
자사화甲子士禍(1504년, 연산군 10년 연산군의 생모 윤 씨의 복위 문제에 얽혀서 일어난 사건)가
일어나자 극형에 처해졌다. 이에 조광조는 그가 전라도 순천으로 옮기기 전
까지 2년 동안 그의 도학주의적道學主義的 실천 사상에 깊은 영향을 받았다.
훗날 혁신을 주장하며 구세력의 부정을 과감히 물리치려고 했던 그의 정치
적 행보는 김굉필의 정치 이념을 그대로 이어받은 것이었다.

그와 그의 스승 김굉필과 관련된 이야기가 하나가 전하고 있다.

하루는 김굉필이 어머니에게 보내기 위해 꿩 한 마리를 얻어서 말려 두었
다. 그때 이를 지켜본 고양이가 꿩을 물고 달아나버렸다. 이에 김굉필은 지나
칠 정도로 종을 꾸짖었다. 그러자 그 모습을 지켜보고 있던 조광조가 이렇
게 말하였다.

"부모를 봉양하는 정성이 비록 간절할지라도 군자에게 사기士氣(선비의 꿋
꿋한 기개)는 조심해야 할 줄 압니다. 제가 마음속에 의혹 된 바가 있어서 감히
말씀드립니다."

이에 김굉필은 급히 몸을 일으켜 조광조의 손을 잡고 이렇게 말하였다.

"네 말을 들으니 내 잘못을 깨달았다. 부끄럽구나! 이제부터 네가 내 스승
이지, 내가 너의 스승이 아니다."

이날 이후로 조광조에 대한 김굉필의 사랑은 더욱 깊어졌다.

- 《정암선생문집靜菴先生文集》

## 출사, 왕도정치를 꿈꾸다

열여덟에 첨사僉使 한윤형韓允洞의 딸과 결혼한 조광조는 이듬해 아버지를 여의었다. 당시 그는 몸가짐을 특별히 단정히 했고, 모든 절차를 《주자가례朱子家禮》에 따라 시행했으며, 삼 년간의 시묘를 정성껏 다하고 나서도 한동안 선영 밑에 초막을 짓고 살며 학문에 열중하였다. 그리고 이때부터 김종직의 학통을 잇는 사림으로 널리 알려졌다. 그러나 두 번의 사화가 있었던 탓에 성리학을 꺼리는 사람들이 적지 않았다. 심지어 그가 성리학에 심취해 있는 것을 보고 그를 멀리하는 사람도 있었다.

조광조는 젊어서 김굉필에게 배웠고 장성해서는 스스로 깨닫고 불발했습니다. 도학에 침잠해 문구에 일삼지 않았으며 의리義理를 깊게 탐구했습니다. 동시대 사람들이 많이 헐뜯고 나무라서 '미친 사람'이라고 하거나 '화를 잉태하고 있는 사람'이라고 하여 친구들도 절교하는 자가 있었습니다. 이러한 때를 당했으나 뜻을 세운 것이 매우 독실해서 조금도 흔들리거나 굴하지 않았습니다.

-《중족실록》〈우부승지 박세희의 상소〉

이렇듯 그는 세상의 평판에 절대 흔들리지 않았다. 오직 자신의 길을 갈 뿐이었다.

1510년 그는 사마시司馬試(생원과 진사를 선발하는 시험)에 장원으로 합격해 진사가 된 후 성균관에 들어가 공부하게 되었다. 그러던 중 성균관 유생 2백여 명이 연명으로 그를 조정에 천거하였다. 그리고 여기에 이조판서 안당安瑭의 적극적인 추천이 더해지면서 마침내 조지서造紙署 사지司紙에 임명되었다. 또 그해 가을 알성시謁聖試(조선시대 비정규적으로 열렸던 문무과시험)에서 증광문과에 급제, 성균관 전적과 사헌부 감찰, 예조좌랑을 차례대로 거친 후 홍문관 수찬과 부제학을 지내면서 왕 앞에 나아가 학문을 강의하게 되었다.

그는 유교를 정치와 교화의 근본으로 삼아야 한다는 지치주의至治主義에 근거한 왕도정치의 실현을 역설하였다. 그리고 이후 사간원 정언正言에 임명되자 언관言官으로서 제 생각을 펼치기 시작하였다.

그해 장경왕후章敬王后(중종의 첫 번째 계비)가 죽자 조정에서는 계비 책봉 문제로 인해 매우 시끄러웠다. 이때 순창군수 김정金淨과 담양부사 박상朴祥 등은 중종의 정비 단경왕후端敬王后 신 씨를 복위시키고, 나아가 왕후 폐위를 주장했던 박원종朴元宗 일당을 처벌하라는 상소를 올렸다. 하지만 대사간 이행李荇의 탄핵을 받아 오히려 자신들이 귀양을 가는 신세가 되었다. 이에 평소 잘못된 것을 보면 참지 못하던 그가 이를 적극적으로 반대하고 나섰다.

"천하에 좋은 의견을 구한다는 것이 조정의 방침인데 의견을 말했다고 벌을 주는 것은 합당한 일이 못 됩니다. 마땅치 않으면 채택하지 않으면 그만 아닙니까? 옳은 말을 하는 것이 사헌부와 사간원의 직분인데 도리어 언로를 막고 두 사람을 귀양 보내도록 했으니, 사간원 정언인 제가 어찌 이런 일을 할 수 있겠습니까?"

그 말을 들은 중종은 다시 대신들과 논의를 거듭해 이행 등을 파직하였다. 이 일로 인해 그는 중종의 두터운 신임을 얻게 되었다. 하지만 이는 행운의 시작임과 동시에 미래의 불행을 잉태하는 것이기도 하였다. 이 사건으로 인해 반정공신들이 주축이 된 훈구파와 그를 중심으로 한 신진 사림이 격렬하게 대립하게 되었을 뿐만 아니라 결국 기묘사화로 이어졌기 때문이다.

### 개혁, 끊임없는 혁신과 대립

중종의 신임을 얻은 그는 하·은·주 시대의 왕도정치를 이상으로 삼는 지치주의 정치를 실현하고자 하였다. 지치주의란 하늘의 뜻이 실현된 이상 사회를 현실에서 건설하는 것을 말했다. 이에 1518년 대사헌에 임명된 그는 그동안 형성된 자신의 친위 세력을 중심으로 중종과 함께 본격적인 개혁을 시행하기에 이른다.

그는 가장 먼저 인재를 천거, 시험에 의해 등용하는 제도인 현량과賢良科 (학문과 덕행이 뛰어난 인재를 천거하게 하여 대책만으로 시험한 제도) 설치를 중종에게 건의하였다. 이는 과거제의 폐단을 혁신하고자 하는 의도에서 비롯된 것이었다.

"진실로 현자賢者를 구하고자 한다면 어찌 초야에 묻힌 선비가 없겠습니까? 큰 현자가 있다면 어찌 과거만을 고집하겠습니까?"

그로부터 얼마 후인 1518년 4월 10일, 경복궁 근정전에서 조선왕조 사상 최초로 현량과가 시행되었고, 당시 천거된 120명 중 28명이 급제의 영광을 안았다.

현량과를 통해 정계에 진출한 신진 사류는 기존의 관리들에게 치명적인 위협으로 작용하였다. 이들을 통해 본격적인 혁신 정치가 실행되면 훈구파 관료들의 기반은 완전히 무너질 것이 뻔했기 때문이다.

한편, 이보다 앞선 중종 13년 그는 임금에게 기신재忌晨齋(고려 때부터 시행된 불교 행사)와 소격서昭格署(일월성신에 대한 도교의 제사를 주관하던 관청)를 폐지할 것을 요청하였다. 사실 이런 주장은 그 이전부터 있었다.

소격서는 제천의식이 아니라 하늘의 별과 노자에게 제사를 지내는 것인데, 이를 위해 많은 물자가 낭비되고 있으니 반드시 혁파해야 합니다.

－《중종실록》〈신용개의 상소〉

그러나 이번만은 중종도 그의 말을 쉽게 들어주지 않았다. 그도 그럴 것이 당시 민속 신앙은 서민은 물론 궁중 깊숙이까지 뿌리를 내리고 있었다. 이에 소격서 폐지에 대한 반대 의견 역시 만만치 않았다.

뜻밖의 반대에 부딪힌 그는 즉시 성균관 유생들을 이끌고 대궐 문 앞에서 비를 맞아 가며 연좌시위를 벌였다. 빗줄기가 굵어지고, 밤이 깊어 가도 그와 유생들은 미동조차 하지 않은 채 버텼다. 결국 참다못한 중종은 그의 청을 들어줄 수밖에 없었다. 하지만 이는 훗날 중종의 마음이 그와 사림으로부터 멀어지게 된 결정적인 원인으로 작용하였다.

이처럼 조광조의 왕도정치 실현 과정은 다소 저돌적이고 급진적이었다. 이로 인해 다른 사람들로부터 미움과 질시, 시기를 샀고, 결국 정적들을 다

수 양산하게 되었다. 그러다 보니 그와 가까운 사람들은 그에게 이를 특별히 경계할 것을 부탁하기도 했다.

대개 사람이란 천지 가운데 함께 살아야 하며 기를 곧게 세워 새처럼 높이 떠서 살거나 짐승처럼 멀리 달아나 살 수 없는 법이다. 그러니 조금은 세속과 같이 해야 남의 미움을 모면할 수 있다. 옛날 두기공杜祁公에게는 모난 것을 헐어 둥글게 하고, 두드러진 옥이 되지 말고 흔한 기왓장이 되라고 했다. 지금은 두기공의 시절보다 험하기가 만 배나 더하니, 나의 경계가 어찌 조금도 쓸모가 없겠느냐.

– 《정암선생문집》〈숙부 조원기가 그를 훈계하는 글〉

하지만 그는 끝내 그만의 원칙과 주장을 포기하지 않았다.

"곧은 도리로서 임금을 섬기다가 다행히 살면 살고 불행히 죽으면 죽는 것입니다. 화와 복은 하늘에 있는 것이니 제가 어찌 두려워하겠습니까?"

그와 사림은 줄기차게 임금을 향해 개혁을 요구하였다. 1515년 토지의 균등한 분배를 위해 정전법井田法을 주장했던 그와 사림은 그것이 실현 가능성이 없음을 알고 곧바로 균전법均田法을 시행할 것을 요구하였다. 이는 부유한 사람들의 토지를 몰수해서 가난한 사람들에게 분배하자는 것이었다. 하지만 논의만 거듭되었을 뿐 어느 것 하나 확정하지 못하였다. 그로부터 얼마 후 타협적인 토지 개혁안 두 가지가 임금의 윤허를 받았다. 50결로 토지 소유를 제한하는 한전제限田制를 실시한다는 것과 미경작지에 대한 경작을 권유하는 권농책이 바로 그것이었다. 하지만 그뿐, 부유층에 대한 강제 규정이 없었기 때문에 큰 효과를 기대하기란 애당초 무리였다. 이에 그를 비롯한 사림은 철인哲人 군주의 이상과 이론을 중종을 향해 끊임없이 종용하였다. 그러자 개혁에 피로감을 느낀 중종은 점차 그들에게 거부감을 느끼게 되었다. 그도 그럴 것이 당시 반정공신 가운데 조광조와 사림의 탄핵을 받지 않는 사람이 없을 정도였다. 그러다 보니 그와 사림의 개혁은 훈구파 재상들의 분노를 사기에 충분하였다. 그러던 중 1519년 위훈 삭제 사건이 일어났고, 이 일을 시작으로 훈구파의 대반격이 시작되었다.

## 위훈삭제, 반격의 빌미를 제공하다

조선왕조를 지배한 것은 신흥사대부였다. 고려 말 권문세족의 전횡에 분개해 역성혁명을 일으킨 그들은 조선 건국 후 백여 년이 지나자 점차 부패하기 시작하였다.

태조의 건국과 태종의 계위繼位, 단종의 폐위廢位와 세조의 즉위卽位, 그리고 중종반정 등 각종 정변을 통해 수많은 공신이 배출되었고, 그들은 국가로부터 수많은 땅과 노비를 하사받았다.

조선이 건국된 1392년부터 중종반정이 일어난 1506년까지 114년 동안 배출된 공신만 해도 무려 478명이었다. 그들에게는 막대한 혜택이 주어졌고, 과거를 거치지 않고도 관직에 나갈 수 있는 음서蔭敍(고려와 조선시대에 특권 신분층인 공신과 양반 등의 신분을 우대하고 유지하기 위해 후손을 관리로 뽑았던 제도)의 혜택까지 주어졌다. 그러나 당시 관직은 한 가문의 경제적 풍요를 보장하는 제도적 방편에 지나지 않았다.

중종 역시 반정에 성공한 후 참가자들을 공로에 따라 4등급으로 나누어 정국공신靖國功臣에 봉했다. 특히 중종반정의 1등 공신이었던 박원종朴元宗에게는 특별히 상이 후해서 흥청興淸(연산군이 뽑았던 기생) 3백 명과 함께 온갖 보화寶貨를 주었다. 조선 후기의 실학자 이긍익李肯翊이 쓴 《연려실기술燃藜室記述》을 보면 예조정랑 정사룡鄭士龍이 박원종의 집을 찾아갔을 때의 모습이 다음과 같이 묘사되어 있다.

세 대문을 지나서 대청 앞에 이르니 돌을 다듬어 뜰을 만들었는데, 반송盤松 두어 그루가 있고, 붉은 난간 푸른 창문이 화려해서 눈이 부시게 했다. 다시 한 문을 들어서니 조그마한 누각 하나가 날아갈 듯 서 있는데, 붉은 발이 땅에 드리웠다. 한껏 차려입은 시녀 하나가 인도하는 대로 다시 문 하나를 들어서니 맑은 향기가 코를 찌르고, 연못 동쪽 평상 위에 수놓은 베개와 비단 자리를 펴놓고 공이 앉아 있었다. 그 옆에 두 여종이 부채를 들고 당상에 서 있고, 주렴珠簾(구슬 따위를 실에 꿰어 만든 발) 안에는 또 다른 시녀들이 수없이 있었다.

오죽했으면 "뇌물 액수에 따라 정국공신의 등급이 정해진다." 라는 말이 떠돌 정도였다.

조광조는 이러한 난국을 적극적으로 타파하고자 하였다. 이에 성희안成希顔 같은 이는 반정에 참여하지도 않았는데 공신으로 뽑혔고, 유자광柳子光은 인척을 보호하기 위해 반정을 했다며, 철저히 재심사해서 공신 자격이 없는 자들은 모두 공신첩功臣功臣帖(큰 공을 세운 신하에게 임금이 내리는 상을 적은 글)에서 빼자고 주장하였다.

정국공신을 정할 때 조정의 신하들이 식견이 높지 못해 관작을 지나치게 정했습니다. 소신이 근래 대간臺諫(대관과 간관을 함께 이르는 말)에서 정사를 바로잡으려고 하지만 한번 잘못 결정된 일을 수습할 길이 없기에 몸을 돌보지 않고 말씀드립니다. 이 폐단을 바로잡지 않으면 장차 사직을 지탱할 수 없습니다.

**-《정암선생문집》**

그리고 이에 대한 실천 방안으로 반정공신 2, 3등 가운데 심한 경우를 몇 사람 골라 그들의 관작을 바꾸고, 4등 50여 명은 모두 공 없이 녹을 먹고 있으니 위훈을 삭제해야 한다고 주장하였다. 사실 이런 그의 주장이 전혀 근거가 없는 것은 아니었다. 이미 반정 초기에 대사헌 이계맹李繼孟 등이 원종공신原從功臣이 너무 많아 외람되므로 그 진위를 밝힐 것을 주장한 일이 있었기 때문이다.

그러나 그의 주장은 쉽게 받아들여지지 않았다. 반정공신들이 이미 거대한 세력을 형성하고 있었기 때문이다. 중종 역시 그것을 달가워하지 않았다. 그러자 그는 뜻을 같이하는 사간원 대간들과 함께 합문閤門(국가 의식을 주관하던 관청) 밖에 엎드린 채 절대 물러나지 않았다. 그리고 사직서를 일곱 번이나 제출하면서 주청하기에 이른다. 이는 '세 번 청해서 임금이 듣지 않으면 신하가 물러나는 것이 옛날부터의 법이다.'라는 기존의 상식을 뒤엎는 것이었다.

참다못한 중종은 그를 향해 다음과 같이 말하였다.

"그렇게 많은 사람을 한꺼번에 삭제할 수는 없다."

이에 그는 다음과 같이 말하며, 그 뜻을 절대 굽히지 않았다.

"이는 국가의 대사니, 비록 극형을 당하더라도 반드시 관철하겠습니다."

1519년 11월 11일, 결국 이번에도 중종은 그들에게 두 손을 들고 만다. 이로 인해 2, 3등 공신 중 일부와 4등 공신 전원, 즉 공신 가운데 4분의 3에 해당하는 76명의 위훈이 삭탈되고, 토지와 노비가 환수되기에 이른다. 그러나 이런 급진적인 조치가 반대파의 반발을 불러올 것은 뻔했다.

소인배로 지목되어 탄핵받거나 지방으로 좌천되어 갔던 훈구파는 반격을 준비하였다. 이는 훈구파 세력의 도움으로 왕위에 올랐던 중종 역시 마찬가지였다. 그는 조광조의 급진적인 주장에 점차 염증을 느꼈고, 그를 두려워하기 시작하였다. 그러던 중 남곤南袞과 심정沈貞의 주도하에 조광조와 사림을 무고한 일이 일어났다.

지금 온 나라의 인심이 조 씨에게 돌아갔습니다. 공신록을 삭제하라고 요구한 것은 차례차례 국가를 돕는 신하를 제거해 자기들 마음대로 하려는 것입니다. 또 현량과를 베풀어 기세를 올린 것은 옛 신하들 가운데 자신들

과 조금이라도 다른 생각을 하는 자들을 몰아내 입을 열지 못하게 하려는
것입니다. 지금 도모하지 않으면 기회를 잃게 됩니다.

―《중종실록》

또한, 그들은 대궐 나뭇잎에 꿀물을 발라 주초위왕走肖爲王('조 씨가 왕이 된다.'
라는 뜻)이라는 문구를 써서 벌레가 파먹게 한 후 궁녀를 통해 중종에게 전달
하게 하였다. 조광조 일파를 의심하게 하기 위한 작전이었다. 그리고 그 예상
은 적중하였다. 자기 자신이 반정으로 집권한 중종은 이 일로 인해 큰 충격
을 받았기 때문이다.

기묘년 11월, 남곤은 초립에 거친 옷을 걸친 후 떨어진 신을 신고 영의정
정광필鄭光弼의 집에 이르렀다. 문을 두드리며 손님이 왔다고 말하자, 문지기
가 그 모습을 살핀 후 남곤임을 알아채고 즉시 정광필에게 알렸다. 깜짝 놀
란 정광필이 허둥지둥 나가보니 틀림없이 남곤이었다. 이에 괴이하게 여겨
그 이유를 물었다.

"도대체 어찌 된 일이요?"

"조광조 무리를 한 사람이라도 남겨두면 그 해악이 끝이 없을 것이니 반
드시 남김없이 없앤 후에야 나라가 편안할 것입니다."

남곤은 위태로운 것을 강조하기도 하고 아부하는 듯도 하면서 정광필의
마음을 움직이려고 했다. 그러나 남곤의 말을 들은 정광필은 정색하면서 이
렇게 말하였다.

"공이 재상으로서 천한 옷차림을 하고 서울 거리를 지나온 것도 놀라운 일인데 사람을 모함하다니요? 조금도 내 마음에 없는 일이요."

남곤은 그 말을 듣고 크게 노해서 옷을 털고 돌아갔다.

– 《사재척언》

## 기묘사화 발발, 훈구파의 반격과 중종의 배신

조광조 일파를 제거해 잃어버린 권력을 찾으려는 훈구파의 노력은 실로 가상했다. 그들은 온갖 비상수단을 동원하였다. 위훈삭제가 단행된 지 불과 나흘만이었다.

1519년 11월 15일 밤, 경복궁 북문인 신무문神武門 밖에서 만난 홍경주洪景舟, 김전金詮, 고형산高荊山, 이장곤李長坤 등은 곧 궐내로 들어가 중종을 알현한 후 다음과 같이 진언하였다.

"조광조 등이 서로 붕당을 만들어 그들에게 붙는 자는 높은 벼슬을 주고 그렇지 않은 자는 배척하며, 권세를 한 손에 쥐고 임금을 속여 사사로운 이익을 취했습니다. 또한, 후진들을 꾀어 사사로이 가르침으로써 상관과 선배를 업신여기게 하니, 나라는 기울어지고, 조정은 날로 잘못되어 가서 조정의 신하들이 분하고 한스러움을 금하지 못하고 있습니다. 그러나 그 세력이 워낙 두려워 감히 입을 열지 못하고 있으니 법에 따라 그들의 죄를 낱낱이 밝히소서."

　그리고 미리 준비했던 무기를 편전에 진열하고 군사들에게 시위를 하게 한 후 중종을 향해 다시 밀지를 내릴 것을 거듭 독촉하였다.

　"사태가 급하오니, 조광조 등을 즉시 국문하시고, 급히 승정원과 홍문관 관리들을 옥에 가두소서."

　결국 중종은 그들에게 밀지를 내리고 말았다. 이에 대사헌 조광조를 비롯해 형조판서 김정金淨, 김구金絿, 김식金湜, 윤자임尹自任, 박훈朴薰, 박세희朴世熹 등의 사림파가 줄줄이 잡혀 들어갔다. 그러자 홍경주, 남곤 등은 사태가 급해 일일이 국문을 할 수 없으므로 그들을 그 자리에서 때려죽이자고 청했고, 중종 역시 이에 동의하였다. 그러나 옆에서 이 광경을 지켜보던 병조판서 이장곤李長坤이 극렬하게 반대하고 나섰다.

　"국가의 대사를 정승들에게 의논하지 않고 처결하는 것은 국왕으로서 할 일이 못 됩니다. 대신들을 불러서 의논하신 후 처결해도 절대 늦지 않습니다."

　당시 병조판서였던 이장곤은 훈구파의 계획에 대해서 잘 알지 못했다. 다만, 남곤 등이 거사를 계획할 때 병조판서인 자신의 허락 없이는 군사를 마음대로 움직일 수 없으므로 그를 속여서 끌어들인 것이었다. 이에 그는 훗날 조광조 일파의 처벌을 반대하는 상소를 올리기도 하였다.

　이들을 요직에 앉혀 그 말을 다 들어준 것도 임금께서 하신 일인데, 하루 아침에 벌을 주면 함정에 빠뜨리는 것과 다를 바 없습니다. 요순 같은 임금을 만났다고 생각하고 온갖 이야기를 하다 보니 과격해진 것입니다. 실제로 조광조는 체포 명령을 듣고 중간에서 누가 농간을 부리는 줄 알고 집에서 나오기를 주저할 정도로 마지막 순간까지 임금의 마음을 믿고 있었습니다.

-《중종실록》

조광조가 옥에 갇혔다는 소식을 들은 성균관 유생들은 급히 대궐로 몰려왔다. 그렇게 해서 순식간에 1천여 명의 유생이 모여들어 연좌 농성을 벌였고, 밀지를 받은 남곤, 심정, 성운成雲 등 훈구파 대신들은 신무문을 통해 궁중에 들어온 후 사림파와 다투느라 여념이 없었다. 그 사이 중종은 또다시 특명을 내렸다. 남곤을 이조판서에, 김근사金謹思와 성운을 가승지에, 심사순沈思順을 주서에 각각 임명한 것이다. 그러나 유생들의 시위에 막혀 심사순이 미처 입궐하지 못하자, 중종은 검열檢閱 채세영蔡世英으로 하여금 조광조 일파에게 벌을 내리는 교지를 쓰게 하였다. 그러나 주서 역할을 대신하게 된 채세영은 끝내 붓을 쥐지 않고 버텼다.

"그들의 죄가 뚜렷하지 않으므로, 신은 차마 빈말을 교지에 쓸 수 없습니다."

그러자 옆에 있던 성운이 붓을 뺏으려고 하였다. 이를 본 채세영은 그를 향해 이렇게 소리쳤다.

"이것은 역사를 쓰는 붓이다. 아무나 함부로 잡을 수 있는 것이 아니다."

조선시대 여러 사람이 쓴 야사와 잡록雜錄(잡다한 내용을 기록한 저술)을 모아놓은 대표적인 전집인《대동야승大東野乘》은 당시 상황을 다음과 같이 묘사하고 있다.

사화가 일어나던 밤, 한림翰林으로 붓대를 잡고 간절히 간언했는데, 벼락 같은 위엄을 거느리면서 아뢰니 선비들이 장하게 여겼다.

훗날 채세영이 길을 가면 사람들은 "저 사람이 임금 앞에서 붓을 뺏은 사람이다." 라며 칭송이 자자했다고 한다.

그러나 채세영의 이런 호소 역시 이미 이성을 잃어버린 임금과 대신 앞에서는 부질없는 짓에 지나지 않았다. 국청이 끝난 후 금부도사禁府都事(지금의 검사)는 조광조, 김식, 김정, 김구 등 네 명에게는 사형을, 나머지 네 명은 곤장 백 대를 때리고, 삼천 리 밖으로 유배를 보낼 것을 청하였다. 그러자 영의정 정광필은 바람 앞의 등불 같은 조광조의 목숨을 구하기 위해 눈물로 호소하였다. 이에 중종은 형을 한 등급씩 낮추어 조광조는 능주, 김정은 금산, 김구는 개녕, 김식은 선산, 박세희는 상주, 박훈은 성주, 윤자임은 온양, 그리고 기준奇遵은 아산으로 각각 귀양을 보낼 것을 명하였다. 나머지 사람들 역시 삭탈관직을 당하였다. 그러나 그들의 죄목은 《경국대전》에서도 찾아볼 수 없는 구차하기 짝이 없는 것이었다.

붕당을 지어 자기편은 진출시키고 다른 편은 배척하였다. 주상을 모함해 사사로이 행동했고, 젊은 것이 늙은 것을 능멸했으며, 천한 것이 귀한 것을 몰라보게 했다.

– 《중종실록》

이에 중종은 다시 다음과 같은 전지(傳旨(임금의 뜻을 알리는 글))를 내린다.

너희들에게 벌주기를 청하는 대신들인들 어찌 사사로운 뜻에서 하는 것
이겠는가. 너희들의 일이 이 지경까지 이른 것은 모두 과인이 밝지 못해 그것
을 방지하지 못한 데 이유가 있는 것이다. 형법으로써 벌을 주면 귀양 보내는
것만으로 그치지 않겠지만, 너희들도 사심 없이 나라를 위해 한 일이기에 벌
을 가볍게 주는 것이니, 그리 알고 떠나거라.

-《중종실록》

얼마 후 현량과는 폐지되었고, 소격서는 부활했다. 위훈삭제 되었던 공신
들은 다시 복원되어 빼앗겼던 공신첩과 전답, 노비를 되찾았으며, 사림파를
두둔했던 안당과 김안국金安國, 김정국 형제 등은 파직되었다. 그리고 거사
의 주역이었던 김전은 영의정, 남곤은 좌의정, 박유청朴惟淸은 우의정에 각각
임명되어 호사스런 생활을 이어갔다.

그렇다면 조광조와 사림의 개혁은 왜 실패했을까?

왕도정치를 주장했던 그들이 실패할 수밖에 없었던 가장 큰 이유는 급격
한 개혁과 혁신으로 인해 노회한 정객이었던 훈구파의 분노를 샀기 때문이
다. 아울러 소격서 폐지로 인해 후궁들의 미움을 산 것과 왕권을 무시한 행
동과 끈질기고 집요한 요구에 염증을 느낀 중종의 변심 역시 한몫했다.

조광조가 온 나라의 인심을 한 몸에 받은 것 또한 그를 곤궁에 빠뜨린 원
인 중 하나였다. 이는 그가 귀양길에 오를 때 "거리를 지나가던 모든 사람이

옷깃을 모으고 절을 했다. 이렇게 인심을 얻은 것이 죄가 된 것이다." 라는 기록만 봐도 알 수 있다.

그렇게 해서 중종의 절대적인 신임을 바탕으로 급진적인 개혁정치를 추구했던 조광조와 사림은 역사의 뒤안길로 사라지고 말았다. 이것이 역사 속에 기록된 기묘사화이다.

## 화살 맞아 상한 새, 비극적인 죽음을 맞다

전하는 이야기에 의하면, 조광조는 전라도 능주 귀양지에서도 담 모퉁이를 헐고 항상 북쪽을 향해 앉아서 중종을 그리워했다고 한다. 이렇듯 하늘이 무너지는 듯한 상황 속에서 그는 시 한 수를 남긴다.

화살 맞아 상한 새처럼 된 신세, 누가 가여워하리
말 잃고 단속하는 늙은이 같은 마음이 스스로 우습다
원숭이와 학은 내가 돌아오지 않는다고 꾸짖겠지만
엄청난 것 뒤집어써서 벗어나지 못하는 것을 어찌 알랴.

誰憐身似傷弓鳥
自笑心同失馬翁
猿鶴定嗔吾不返

豈知難出覆盆中

　정적을 숙청하는 면에서 극단적인 방법을 택하던 것이 당대의 정치 풍토였다. 이에 훈구파는 사림을 귀양 보내는 것만으로 절대 끝내지 않았다. 그들은 끈질긴 상소를 통해 그해 12월 16일 조광조 등 네 명은 사형에 처하고, 나머지는 먼 섬으로 옮기라는 왕명을 얻어냈다. 그리고 얼마 후 조광조를 비롯한 네 명을 사사賜死하라는 명이 내려졌다. 하인으로부터 금부도사가 당도했다는 소식을 들은 조광조는 매우 당황하였다. 그러나 이내 정신을 차리고 금부도사를 향해 이렇게 물었다.

　"사사賜死하라는 명만 있고 사사謝詞하는 글은 없었는가?"

　그러자 금부도사 유엄柳渰이 조그만 종이를 내밀었다.

　이를 본 조광조는 다시 이렇게 말하였다.

　"내 일찍이 대부의 반열에 있었는데, 이제 사사의 명을 내리면서 어찌 조그만 종이쪽지를 도사에게 주어 죽이게 하는가? 만일 도사의 말이 아니었다면 믿지 않을 뻔했도다. 국가에서 대신을 대접하는 것이 이처럼 초라하니, 장차 간악한 자가 미워하는 이를 마음대로 죽일 수도 있겠구나. 내가 상소로 말씀드리고 싶지만 그럴 수 없는 처지라 안타깝다."

　그리고 다시 "상감의 건강은 어떠신가? 그리고 누가 정승이 되었으며, 심정은 지금 무슨 벼슬에 있느냐?"고 물었다.

　유엄은 보고 들은 바를 사실대로 말하였다.

"그러면 내가 죽는 것이 의심이 없도다. 조정에서는 우리가 어떻다고 하던
가?"

"왕망王莽의 일과 같다고 말하는 이가 있는 듯하오."

이에 조광조는 웃으면서 이렇게 대답하였다.

"왕망은 사사로운 짓을 한 자이다. 왕명이 있으니 죽을 뿐이지만 잠깐 지
체하는 것이 어떤가? 내 편지를 써서 집에 보내고 분부할 일이 있으니 조치
를 마치고 죽는 것이 어떠한가?"

그러자 유엄이 이를 허락하였다. 이에 집에 보내는 글을 쓰기 시작했는데,
옆에서 지켜보니 한 자도 틀리게 쓰는 것이 없었다.

마지막으로 그는 죽음에 임하면서 옆에 모시고 있던 사람들을 향해 다
음과 같이 부탁하였다. 그리고 중종이 있는 북쪽을 향해 정좌한 후 시를 한
수 지었다.

"내가 죽거든 관을 무겁게 하지 말라. 먼 길에 들고 가기 어려울까 한다."


　　임금을 어버이처럼 사랑하고

　　나랏일을 내 집 일같이 걱정했도다

　　밝고 밝은 햇빛이 세상을 굽어보니

　　거짓 없는 이 마음을 환히 비춰주리.


　　愛君如愛父

　　憂國如憂家

白日臨下土

昭昭照丹衷

- 《정암선생문집》

잠시 후 유엄이 형을 재촉하자, 그는 이렇게 탄식하였다.

"옛사람 중에는 임금의 조서를 부둥켜안고 전사傳舍(지금의 여관) 앞에 엎드려서 울었다는 이도 있는데 도사는 어찌 옛날 사람과 다르단 말이냐?"

그러고는 황급히 약사발을 들이켰다. 하지만 쉬이 죽지 않았다. 이에 금부도사를 향해 이렇게 외쳤다.

"사약이 다 떨어졌으니 더 가져오게."

하지만 두 번째 약사발을 들이킨 뒤에도 죽지 않자 그만 목을 졸라 죽이고 말았다. 기묘년 12월 20일, 그의 나이 서른여덟의 일이었다.

조광조가 죽었다는 소식을 들은 박상은 다음과 같은 시를 지어 그의 죽음을 애도하였다.

분수원(지금의 광주 남문 밖) 앞에서 일찍이 악수하면서

그대가 황각黃閣(의정부의 별칭)에서 주애朱厓('초야'를 가리키는 말)로 감을 괴이하게 여겼네

황각과 주애를 구별하지 마오

구천에 이르게 되면 차등은 없으리니.

- 〈눌재집訥齋集〉

한편, 사림파 중 한 사람으로 기묘사화 당시 투옥되었다가 풀려난 이자李
耔는 《음애일록陰崖日錄》에서 조광조의 죽음과 관련해서 다음과 같이 이야
기하고 있다.

아! 비록 한때는 옳고 그름이 혼란스러웠으나, 후일에는 반드시 진실이 드
러날 것이니, 어찌 운운할 필요가 있겠는가?

조광조는 〈군자소인지변君子小人之辯〉을 통해 다음과 같이 말한 바 있다.

재앙이 일어나게 되는 것은 소인이 군자를 모함하는 데 있다. 사실 군자와
소인을 구별하는 것은 매우 어려운 일이다. 왜냐하면, 소인은 군자를 소인이
라 하고, 군자 역시 소인을 소인이라 하기 때문이다. 그리고 소인은 밤낮으로
군자를 공격하는 것밖에 생각하지 않는다. 소인은 임금을 대할 때 예의와
용모를 갖추고 좋은 말로 꾸미므로 그를 가려내는 것은 결코 쉬운 일이 아
니다.

**- 《정암선생문집》**

조광조의 죽음으로 인해 누가 군자이고, 누가 소인인지 밝히는 것은 이제
후대 사람들의 몫이 되고 말았다. 한편 그가 살아생전 만났던 한 갓바치(가
죽을 다루는 천인)는 그에게 다음과 같은 충고를 한 적이 있다고 한다.

가죽을 다루어 남모르게 먹고사는 사람이 있었다. 그가 어질고 학식이 뛰어나다는 얘기를 들은 조광조는 그를 자주 찾아가서 함께 학문을 논하기도 하고, 어떤 날은 잠을 자고 오기도 했다.

그러던 어느 날, 그가 조광조에게 다음과 같이 말하였다.

"공의 재주는 족히 일세一世를 건질 수 있을 것이나 어진 임금을 만난 후에야 쓸 수 있을 것입니다. 그런데 지금 임금은 이름을 취해 공을 쓰고 있으니 실제로는 공이 어떤 사람인 줄 모르고 있다고 할 수 있습니다. 그러니 만일 소인이 이간질을 붙이면 공은 모면하기 어려울 것입니다."

그의 통찰력에 감탄한 조광조는 그 후 그에게 끊임없이 벼슬을 권했지만, 그는 끝내 불응하고 이름조차 말하지 않았다.

- 《연려실기술》 제9권 〈중종조 고사본말〉

누구도 내일 일을 정확히 예측할 수 없다. 또 누구도 사람 마음을 정확히 읽을 수 없다. 이는 조광조의 운명을 통해서도 쉽게 알 수 있다. 그가 그렇게 믿고 의지했던 임금이었건만, 중종은 결국 그를 죽이고 말았다. 강력한 왕권을 위해 끝끝내 그를 이용만 했을 뿐, 인간 조광조에 대한 배려라곤 털끝만큼도 없었다. 그런 점에서 볼 때 그는 비운의 인물이라고 할 수 있다. 하지만 그의 이름은 절의節義와 개혁의 사표師表로 여전히 많은 사람의 입에 오르내리고 있다. 이는 절대 흔들리지 않는 신념과 절의, 그리고 꼿꼿한 지조를 통해 고고한 조선의 선비정신을 대표하고 있기 때문이다.

| 조광조 깊이 읽기 |

# 절의와 개혁의 사표가 되다

## 선비들의 정치투쟁, 사화士禍

조선시대 사헌부司憲府와 사간원司諫院은 임금에게 '바른 소리', 즉 간諫을 하는 역할과 관리의 비행을 조사하여 그 책임을 규탄하는 일을 맡은 기관이었다. 이에 거기에 속한 관료들을 언관言官이라고 부르며, 그들의 활동을 크게 권장하였다. 그만큼 언관은 비리와 부조리로부터 조선왕조를 유지하고 지켜나가는 막중한 책임감과 사명감을 갖고 있었다. 그 가장 대표적인 인물이 바로 정암 조광조다. 그는 언관으로서의 소명에 최선을 다한 인물로, 유교적 가르침을 있는 그대로 실천하기만 하면 모든 어려움을 이겨낼 수 있다고 생각하였다. 나아가 그 역시 평생 이 원칙을 지키려고 무던히도 노력하였다.

후대의 역사가들은 조광조의 세 가지 불행에 대해서 다음과 같이 말하곤 한다.

첫 번째 불행은 과거에 급제하여 너무 빠르게 벼슬이 올라간 것이오,

두 번째 불행은 벼슬을 물러나고자 했으나 그 뜻을 이루지 못한 것이오,

세 번째 불행은 귀양 간 땅에서 최후를 마친 것이다.

-《해동잡록》

한때 모든 사람으로부터 추앙받았고, 임금으로부터 두터운 신임을 얻었던 조광조는 역사의 소용돌이에 휘말린 나머지 서른여덟이라는 짧은 생애를 마쳐야만 했다. 이에 후대의 선비였던 연암燕巖 박지원朴趾源은 그의 글 《원사原士》에서 사림과 사화에 대해 다음과 같이 이야기한 바 있다.

천하의 공론을 사론士論이라 하고, 당대의 제일류를 사류라 하며, 세상을 울리는 의로운 목소리를 사기士氣라 한다. 군자가 죄 없이 죽는 것을 사화라고 하고, 강학을 논하고 도를 닦는 사람을 사림士林이라고 한다.

선비들의 정치 투쟁이었던 사화는 연산군과 중종대에 걸쳐 총 네 번 일어났다. 그리고 그 중심에는 조선 역사에 지대한 영향을 끼친 사림이 있다.

사림이 본격적으로 정계에 진출한 시기는 무오사화와 갑자사화를 겪은 직후인 중종대였다. 하지만 그 뿌리는 고려 말로 거슬러 올라간다.

고려 말 대지주 문벌귀족과 투쟁하며 조선왕조를 연 신진사대부는 왕권을 등에 업자 급격히 부패하기 시작하였다. 그러자 불사이군의 정신으로 초야에 은둔했던 고려 충신의 후예 중 일부가 중앙 정계에 진출하며 그들을

비판하기 시작하였다. 그들은 훈구파 공신들의 부도덕성을 비판함과 동시에 새로운 정치 세력으로 급성장하였는데 그 과정에서 기득권을 빼앗기지 않으려는 훈구파 공신들과 격렬하고 지루한 머리싸움을 벌이기도 하였다.

첫 번째 대결이었던 무오사화는 연산군 4년 《성종실록》을 편찬하는 과정에서 김종직이 쓴 〈조의제문弔義帝文(세조의 왕위찬탈을 풍자해 김종직이 지은 글)〉 때문에 일어났다. 그 후 연산군 10년에는 척신 가운데 한 명이었던 임사홍任士洪이 연산군의 비였더 폐비 신 씨의 오빠 신수근愼守勤과 결탁하여 사림을 제거하려 한 사건이 일어났다. 그 결과, 연산군의 생모 윤 씨가 폐위될 때 윤필상尹弼商, 이극균李克均, 김굉필 등의 사림이 찬성했다고 하여 그들을 사형에 처하고, 이미 죽은 남효온南孝溫과 한치형韓致亨, 한명회韓明澮 등은 부관참시剖棺斬屍(무덤을 파고 관을 꺼내어 시체를 다시 한 번 죽이는 일)했으며, 나머지는 삭탈관직하거나 유배를 보냈다. 이것이 갑자사화이다. 그리고 중종 14년에 기묘사화가 일어났으며, 명종 원년에 을사사화乙巳士禍(1545년, 명종 1년 윤원형 일파인 소윤이 윤임 일파인 대윤을 숙청하면서 사림이 크게 화를 입은 사건)가 일어났다.

### 그의 개혁이 실패할 수밖에 없었던 이유

반정反政으로 연산군을 폐하고 왕위에 오른 중종은 전대의 패악悖惡과 악정惡政을 개혁함과 동시에 쫓겨난 신진 사림을 다시 등용하여 유교적 정치 질서를 회복하고자 하였다. 아울러 교학, 즉 대의명분과 오륜을 중시하는 성리학을 장려하고자 했다. 이러한 새로운 시대적 흐름 속에서 두각을 나타 낸 이가 바로 조광조였다. 그러나 결론적으로 그의 개혁은 실패하고 말았다.

훗날 율곡栗谷 이이李珥는《석담일기石潭日記》에서 조광조와 사림의 실패에 대해 다음과 같이 이야기하며 매우 안타까워한 바 있다.

> 문정공文正公 조광조는 현철한 자질과 세상을 다스리고 백성을 구제할 재 능을 지녔었다. 그러나 학문이 채 완성되기도 전에 갑작스레 관직에 올라 위 로는 임금의 마음이 잘못됨을 바로잡지 못하고 아래로는 권력가들의 비방 을 막지 못했다. 겨우 충성을 바치려 했으나 이미 참소하는 입들이 열려 몸 은 죽고 나라는 어지러워졌다. 그리하여 도리어 뒷사람들에게 이것을 경계 해 감히 일을 도모하지 못하게 만들었다. 하늘이 우리 유교의 도를 행하지 못하게 했던가? 어째서 이 사람을 낳기만 하고 그의 이상을 실행하게 하지 않았단 말인가?

조선 유학사에서 이이와 쌍벽을 이루는 퇴계退溪 이황李滉 역시《퇴도언행 록退陶言行錄》에서 조광조의 실패에 대해 다음과 같이 말하였다.

> 공은 천품이 매우 높았으나 학력은 깊은 경지에 이르지 못한 것 같다. 공 이 소격서를 없애자고 주장한 한 가지 일만 보더라도 이를 알 수 있다. 군신 간의 의리 면에서 볼 때 어찌 그럴 수 있으리오. 이것은 정암의 지나친 면이

라 할 것이다. 임금을 요순처럼 만들고 백성에게 성군의 덕을 입히려는 것은 군자의 뜻이다. 하지만 당대의 상황과 역량을 헤아리지 않는다면 어떻게 이를 도모할 수 있겠는가? 기묘년의 실패는 바로 여기에서 기인한 것이다. 당시 정암도 일이 실패할 것을 깨닫고 주변 상황을 돌보려 했으나 사람들이 그를 비난하고 심지어 창끝을 돌려 공격하려는 자까지 있어 그로서도 어찌할 수 없었던 듯하다.

이러한 평가는 후대 역사가들이 조광조와 사림의 실패를 바라보는 공통된 생각이기도 하다. 한편, 이긍익이 쓴 《연려실기술》에는 당대의 상황에 대해 좀 더 자세히 살펴볼 수 있는 사료가 하나 실려 있다.

세상이 전하기를 "정암이 일을 점진적으로 하지 아니하고 과격한 습성을 길러 내서 결국에는 화를 자초하였다." 라고 한다. 하지만 이것은 공을 모르고 하는 소리다. 공이 일찍이 성수침成守琛, 허백기許伯琦 등과 더불어 시사時事를 논할 때 깊이 근심하는 빛을 보인 적이 있었으니 때를 모르고 경거망동한 것은 아니다. 다만, 김식金湜처럼 지나치게 조급한 사람들이 화를 재촉했고, 일 꾸미기를 좋아하는 후진 중 따라붙는 자가 많았다. 공이 이미 그 징조를 알았으나 어찌할 수 없었다.

## 꼿꼿한 지조와 고고한 선비정신의 사표

훗날 유학자들은 "조광조를 중심으로 한 사림의 실패로 인해 조선에 도학이 정착하는 데 백여 년이 더 지연되었다." 라고 말하곤 했다. 결코, 틀린 말은 아니다. 중종을 요순 같은 성군으로 만들어 새로운 정치 질서를 세우고자 했던 조광조의 이상은 구세력들의 음해로 인해 하룻밤 사이에 막을 내리고 말았기 때문이다.

한편, 중종의 뒤를 이어 인종이 즉위하자 태학생 박근朴謹 등은 상소를 올려 사림파가 억울하게 화를 입은 경위를 상세히 밝히면서 그들에게 관작을 다시 내려 달라고 요청하였다. 그리고 이 의견이 받아들여져 1544년 6월 조광조의 관작이 복위와 함께 현량과 출신이 다시 등용될 수 있었다. 선조 원년이었던 1567년에는 부제학 박대립朴大立이 조광조에게 관작을 증수하고 시호를 내리기를 청했고, 대사간 백인걸白仁傑과 태학생 홍인헌洪仁憲 등이 문묘에 배향하자는 의견을 냈다. 이에 선조는 경연에서 이황에게 조광조의 학문과 행적에 관해서 물었다.

"그는 천품이 빼어났습니다. 일찍 학문에 뜻을 두어 집에서는 효도와 우애를 다했고, 조정에서는 충성을 다했습니다. 그렇게 해서 여러 동지와 협력하여 옳은 정치를 펼쳤습니다. 다만, 그를 둘러싼 젊은 사람들이 너무 과격하여 남곤, 심정 등을 비난하고 옛 신하들을 물리치려 함으로 화를 입게 된 것입니다."

그로부터 얼마 후 조광조는 영의정에 추증되었고, 다음 해에는 문정文正

이라는 시호를 하사받기에 이른다. 또 1610년에는 도학을 중흥시킨 공로를 인정받아 스승 김굉필과 더불어 문묘에 배향되었다.

그 후 조광조의 학문과 인격을 흠모하던 후학들은 앞다퉈 그를 위한 사당과 서원을 세웠다. 1570년 그의 유배지였던 능주에 죽수서원竹樹書院이 건립되었고, 1575년에는 회천에 양현사兩賢祠를 지어 조광조와 그의 스승인 김굉필을 배향하였다. 또 1605년에는 용인 그의 묘소 부근에 심곡서원深谷書院이 세워졌으며, 해주에 소현서원紹賢書院, 나주에 경현서원景賢書院, 여산에 죽림서원竹林書院 등 여러 곳에 그를 위한 서원이 세워졌다.

우리가 알고 있는 선비의 이미지는 그다지 긍정적이지 않다. 단수형 선비가 그나마 고졸古拙한 청백리의 긍정적 의미를 담고 있다면, 복수형 사림士林은 정쟁이라는 부정적 이미지를 강하게 풍기고 있기 때문이다. 그럼에도 조광조란 이름은 조선 선비를 대표할 만큼 우리에게 시사하는 바가 크다.


하늘과 사람은 그 근본 됨이 하나입니다. 하여, 하늘이 사람에 대하여 도리에 어긋나는 일은 하지 않았습니다. 고로, 임금과 백성은 하나입니다. 상고하건대, 이상적인 임금들이 백성들에게 도리에 맞지 않은 일을 한 적이 없습니다.

**- 1515년 치러진 알성시에서 조광조가 적어낸 답안,**
**《정암선생문집》〈춘부春賦〉**

# ◉ 조광조 연보 ◉

- 1482년(성종 13년) 개국공신 온의 5대손으로 출생

- 18세 _ 1499년(연산군 5년) 스승 김굉필과 만남

- 29세 _ 1510년(중종 5년) 사마시에 장원으로 합격, 진사가 됨

- 34세 _ 1515년(중종 10년) 조지서 사시에 임명됨. 그리고 그해 가을 증광문과에 을과로

  급제하여 전적 · 감찰 · 예조좌랑을 역임하면서 중종의 두터운 신임을 얻음

- 36세 _ 1517년(중종 12년) 교리로 경연 시독관 춘추관 기주관 겸임

- 37세 _ 1518년(중종 13년) 부제학이 됨. 11월 대사헌으로 승진

- 38세 _ 1519년(중종 14년) 위훈 삭제 및 현량과 실시, 소격서 폐지

- 38세 _ 1519년(중종 14년) 기묘사화 발발. 능주로 유배된 후 12월에 사사됨

- 死後 _ 1568년(선조 1년) 신원되면서 영의정 추증. 그 이듬해 '문정'이란 시호를 받음

- 死後 _ 1610년(광해군 2년) 문묘 배향

의義가 아니면 죽음도 불사했던 강직한 선비, 정인홍

# 선비가 두려워할 사람은
# 오직 백성뿐이다

"무릇, 관리는 백성을 하늘처럼 떠받들어야 하고,
선비는 출처出處(벼슬에 나아갈 바와 물러날 때를 아는 것)를 확실히 해야 한다."

"배운 것을 제대로 실천하지 않으면 배우지 않은 것만 못하고 오히려 죄악이 된다."

조선 선조 때 지리산 자락에서 실천 유학을 가르친 남명南冥 조식曺植의 말이다. 세상을 위해 널리 쓰라고 배운 학문을, 자기 몸 잘 건사하고, 가족들과 호의호식하기 위해 쓰는 것을 능사로 여기는 것이 대부분인 작금의 지식층에게 시사하는 바가 매우 큰 말이다.

제자들에게 부끄러움이 무엇이며, 어떻게 살아야 할 것인가를 가르친 조식은 경상도 산청에 위치한 시천矢川에 살았다. 시천이란 지명은 지리산 천왕봉에서부터 시작된 덕천강이 화살처럼 빠르게 흐르는 곳이라는 데서 붙여진 이름이다. 이곳 산천재山天齋(남명 조식이 후학을 양성하기 위해 세운 학당)에서 남명은 정인홍鄭仁弘, 곽재우郭再祐, 이제신李濟臣, 김효원金孝元, 오건吳健, 최영경崔永慶, 조종도趙宗道 등 내로라하는 제자들을 가르쳤다.

남명은 당대를 대표했던 퇴계退溪 이황李滉과 함께 유학의 쌍벽을 이루는 성리학의 대가였다. 퇴계가 안동을 중심으로 한 경상좌도를 대표했다면, 그는 지리산을 중심으로 한 경상우도를 대표하였다. 그러나 그가 남긴 학문적 성과에 비하면 그의 명성은 그리 크지 않다. 그 이유는 그가 작고하고 5년 후 정인홍이 올린 상소문 때문이다.

당시 조정에서 김굉필金宏弼, 정여창鄭汝昌, 조광조趙光祖, 이언적李彦迪, 이황을 선비가 본받을 만한 사표, 곧 동방 5현으로 정하자, 그의 제자인 정인홍은 이언적과 이황의 문묘 종사를 즉시 문제 삼았다. 이에 대부분이 퇴계 문하였던 성균관 유생과 조정 언관들이 벌떼처럼 일어나 그에게 비난을 퍼부었다. 그뿐만 아니라 대북파의 영수였던 정인홍이 만고의 역적으로 몰려 참형을 당한 후 남명의 제자가 주류를 이루었던 북인은 더는 벼슬에 나가지 못하였다. 심지어 정인홍이 직접 엮은 《남명집》은 훼손되었고, 그 제자들은 된서리를 맞아 겨우 명맥만 유지할 수 있었다.

단재 신채호가 우리 역사상 가장 뛰어난 정치가이며, 을지문덕, 이순신과 함께 구국의 3걸이라고 칭했던 정인홍. 그는 과연 어떤 사람이었을까.

## 그 스승에 그 제자, 의義를 중시했던 강직한 선비

내암來庵 정인홍은 남명 조식의 수제자로 최영경, 오건, 김우옹金宇顒, 곽재우 등과 함께 경상우도 남명학파南冥學派를 대표하는 사람이다. 그의 어린 시절과 관련된 일화가 하나 전해져 온다.

경상도 감사가 한 산사에서 하룻밤을 묵을 때였다. 누군가가 밤을 새워가
며 글을 읽는 소리가 들려 찾아갔더니, 바로 과붓집 어린아이였다. 기특하게
여긴 감사는 아이를 향해 다음과 같이 물었다.

"시를 지을 수 있느냐?"

아이는 잘 짓지 못하지만 한번 해보겠다고 하였다. 이에 감사는 탑塔가에
있던 왜송矮松으로 글제를 내고 운韻자를 불러주며 시를 짓도록 하였다. 그
러자 아이는 즉석에서 다음과 같은 시를 지었다.

짧고 짧은 외로운 솔이 탑 서쪽에 서 있으니
탑은 높고 솔은 낮아서 서로 가지런하지 않네
외로운 솔이 짧다고 말하지 마오,
솔이 다 자란 날 탑이 도리어 짧으리.

감사는 시를 읽은 뒤 감탄해 마지않았다. 그리고 아이를 향해 이렇게 말
하였다.

"너는 훗날 반드시 현달顯達할 것이다. 그러나 뜻이 참람僭濫하니, 부디 경
계하면서 살도록 해라."

그 아이가 바로 정인홍이었다.

훗날 정인홍은 남명 문하에서 수학하며 많은 이로부터 존경받았다. 그가

역적으로 몰려 죽임을 당하자 그의 문도들은 오히려 비분강개하며 벼슬에 나아가는 것을 수치로 여겼을 정도였다. 그 때문에 합천 등 여러 고을에는 관면冠冕(벼슬아치)이 대대로 끊어지고 사풍士風(선비의 기풍)이 떨치지 못했으니, 이는 정인홍으로부터 비롯된 것이었다.

-《성호사설》〈시문〉

그의 스승이었던 남명 조식은《경사》와《제자백가》를 두루 섭렵하면서 학문의 폭을 넓혔다. 그가 제자인 덕계德溪 오건에게 보낸 편지에서 "내가 한평생 간직한 장기가 있었다면 그것은 책 읽는 것뿐이었다. 그런 내가 성리를 논변한다면 어찌 남에게 뒤지겠는가?" 라며 자부한 것을 보면, 그의 독서량은 일반 성리학자의 추종을 불허할 만큼 방대했을 것으로 보인다. 또한 "큰거리를 노닐면서 금은보화를 보고 값을 논하다가 하나도 자기 것으로 만들지 못하면, 이는 한 마리의 생선을 사 들고 돌아오는 것만 못하다. 이는 학자들이 성리를 크게 떠들기만 하고 자기 것으로 만들지 못하는 것과 무엇이 다르겠는가?" 라며, 책을 아무리 많이 읽고 이론을 많이 알아도 스스로 깨우치지 못하면 모두 허사임을 경고하기도 하였다.

그의 사상은 원시 유가儒家(유학자)나 대유大儒(학식이 높은 선비), 통유通儒(세상일에 통달하고 박식한 학자)들의 삶이 그랬듯이 "천 리를 경영하고, 주역으로서의 사명을 확인하고, 천지간의 모든 생물이 각각 타고난 재질을 발휘하여 그것으로 생의 가치와 의미를 누리도록 한다." 라는 대도를 따랐다. 마치 맹자의《대장부론大丈夫論》처럼 한 군데도 막힘없는 개방된 세계에 삶을 기탁하고,

온 천하를 영위함에 가장 바르고 조금도 치우침 없는 위치에 서서, 천하의 모든 사람과 사물이 함께 살아가는 큰길을 걸어가는 것을 사상의 발판으로 삼은 것이다.

그는 조정의 끊임없는 요구에도 관직 진출을 거부한 백면서생白面書生(세상일에 조금도 경험이 없는 사람)이기도 했다. 그의 학식과 명망이 높아지자 회재 이언적과 퇴계 이황이 왕에게 천거하기도 했지만 학문에 열중하면서 제자 양성에 힘을 기울일 뿐, 끝내 출사하지 않았다.

> 봄날 어딘들 방초가 없으리오마는
> 옥황상제가 사는 곳 가까이 있는 천왕봉만을 사랑했네
> 빈손으로 돌아왔으니 무엇을 먹고살 것인가
> 흰 물줄기 십 리로 뻗었으니 마시고도 남음이 있네.
>
> - 《남명집》

그가 쓴 〈덕산에 묻혀 산다〉는 시다. 그는 이 시를 산천재 네 기둥에 손수 새긴 후 매일 그것을 바라보며 마음을 다스렸다.

그와 퇴계는 같은 시대에 태어나 한 시대를 풍미했다는 공통점을 가지고 있지만, 학문 방식이 크게 달랐다. 그가 의義를 중심으로 실천 유학을 가르치는 데 중점을 두었다면, 퇴계는 인仁을 중심으로 다른 사람을 사랑하고 만물을 사랑하는 데 중점을 두었다. 이와 관련된 선조와 퇴계의 제자였던 한강寒岡 정구鄭逑의 일화가 하나 전해져 오고 있다.

어느 날, 선조가 정구에게 남명과 퇴계의 인품에 관해 물었다. 그러자 정구는 다음과 같이 대답하였다.

"남명은 천 길 절벽에 선 것 같아 길을 찾아들기 어렵고, 퇴계는 평평한 길이 쭉 곧게 이어진 것 같아 길을 따라 들기가 매우 쉽습니다."

- 《선조실록》

그러나 유학자로서 두 사람을 모두 공부한 하경진河慶縉은 두 사람의 삶에 관해 다음과 같이 평하였다.

"두 사람은 기상과 규모가 달랐다. 퇴계는 도를 밝히기에 힘을 쏟았고, 남명은 세상의 잘못을 바로잡기에 힘썼다. 그러니 그 마음 씀이 같았고, 도道를 위함도 매양 한 가지였다."

그래서일까. 남명 문하에서는 임진왜란 당시 의병장이 많이 배출되었고, 퇴계 문하에서는 일본 강점기에 독립운동가가 많이 배출되었다.

정인홍은 스승 조식이 죽은 뒤인 1573년(선조 6년) 학행學行(학문과 덕행)으로 천거되어 6품직에 올랐다.

16세의 어린 나이에 왕위에 오른 선조는 즉위 초 학문에 열중하며, 매일 경연에 나가는 등 나라의 안정과 발전에 온 힘을 기울였다. 또한, 기묘사화 당시 죽은 조광조에게 영의정을 추증하고, 율곡과 퇴계를 나라의 스승으로 삼는 등 나라 안의 숨은 인재를 찾아서 요직에 기용하였다. 당시 화담花潭 서경덕徐敬德 문하에서 이지함李之菡과 허엽許曄, 남명 문하에서 최영경과 정인홍, 퇴계 문하에서 조목趙穆, 이항李恒 문하에서 김천일金千鎰이 뽑혔다.

정인홍은 1575년 충청도 황간현감에 제수되어 선정을 베풀었다. 그리고 1578년에는 영천군수, 1586년에는 익산군수를 제수하며 승승장구하였다. 그러나 곧 벼슬을 사양하고 나가지 않았다. 스승 남명처럼 산림에 있는 것이 마땅하다고 생각하였기 때문이다. 하지만 조정의 끊임없는 요구를 끝내 사양만 할 수 없어 1580년 12월 다시 중앙에 진출하게 되었다. 이때의 일이 율곡이 쓴 《석담일기石潭日記》에 실려 있다.

이이를 대사간으로 삼고, 성혼과 정인홍을 장령將領으로 삼아 소명召命하니, 조야朝野가 좋아하여, '임금이 마음이 착한 데로 향하신다.'라고 하였다.

당시로는 꽤 파격적인 인사였지만, 후세의 사가들은 언관의 자질이 높은 인물들로 짜인 가장 이상적인 형태의 인사였다고 평하였다. 그도 그럴 것이 많은 이들이 정인홍을 일컬어 '맑은 선비'라고 칭하였다. 그만큼 그는 사심이라고는 전혀 찾아볼 수 없는 깨끗한 사대부의 전형이었다. 그리고 이때부터 정탁鄭琢, 율곡 이이 등과 두터운 교분을 갖기 시작하며, 거리낌 없이 소신을 펼쳐나가기 시작했다. 그러자 많은 지방 수령과 이서吏胥(지방 관아에 딸렸던 하급 관원)들이 벌벌 떨었다고 한다.

정인홍은 스승과 같이 칼을 턱밑에 괴고 반듯하게 꿇어앉은 자세로 평생을 하루 같이 변함없이 하였다. 그러나 성질이 너무 거세어 그저 자신이 옳다고만 여긴 나머지 남들과 이야기할 때 조금이라도 자기 뜻에 거슬리면 곧장 화를 내고 이기려 들었다. 또한, 없는 말을 만들어 남을 모해함에 있어서는 음험하고 교사함이 한량이 없어 비록 지친至親(친족이라는 뜻으로, 부모와 자녀 사이 또는 형과 아우 사이를 말함)이나 친구 사이이라도 금방 원수처럼 변하는 등 마음의 소양이 두터우면 두터울수록 밖으로 나타나는 것은 더 포악하였다. 그리고 그의 독서讀書는 고사에 정밀하고 해박함이 조식보다 뛰어났으며, 더욱이 시비를 변론하고 공격하는 작문에 소질이 있어 사람들이 잘못을 알지만 그가 무서워서 쉽사리 대항하지 못하였다. 이이는 겸손한 마음으로 선을 좋아하여 그 소문을 듣고 경모하다가 마침내 서로 가깝게 지냈는데, 그가 소인임을 몰랐다. 이로 인해 그의 이름이 조정을 뒤흔들었다.

**-《선조수정실록》6년 5월 경진조**

이는 동인이 아닌 서인에 의해 편찬된《선조수정실록》에 실린 것으로, 그의 성격이 그만큼 강직했음을 알려준다고 할 수 있다. 그러나 율곡은 처음과 달리, 뒤로 갈수록 그를 그다지 신뢰하지 않은 듯하다.

장령掌令 정인홍이 휴가를 얻어 귀향하였다. 인홍은 곧은 기개가 있었으나 용량이 없어 처사하는 것이 두루 소상치 못하므로 사론이 혹 추허推許치 아니하자 불안해서 돌아갔다. … (중략) … 덕원은 강직하나 생각하는 것이 두루 소상치 못하고, 학식이 밝지 못하니, 용병用兵에 비하면 돌격장突擊將이 알맞을 듯하다.

**- 이이, 《석담일기》**

그러던 중 심의겸과 김효원의 불화로 인해 정치 세력이 동서로 양분되자, 정인홍은 동인 편에 서서 서인의 거두였던 정철鄭澈과 윤두수尹斗壽 등을 탄핵하는 데 앞장섰다. 그때 율곡이 정철을 위로하자, 정철은 오히려 정인홍을 두둔하였다고 한다.

"아니다, 아니다. 정인홍은 그 마음이 공정公正한 이다. 비록 나를 논핵하여 멀리 귀양 보내더라도, 만일 길에서 만나면 술 한 잔 부어 같이 마실 것이다."

## 거듭된 상소, 기축옥사의 음모를 최초로 폭로하다

1589년 정여립鄭汝立이 동인과 역모를 꾀했다는 이른바 기축옥사己丑獄死가 일어나 1천여 명의 사상자를 내었다. 동인의 실력자로 활동하고 있던 정인홍 역시 예외가 아니었다. 그는 딸을 정여립 집안과 혼인시키려 했다는 죄목으로 고발당하였다. 하지만 그에게는 딸이 없었다. 억울한 누명을 쓴 것이었다.

그는 '소인이 군자를 역모와 반역으로 몰아 죽였다.'라며 매우 분노하였다. 이에 두 번에 걸쳐 상소를 올리며 기축옥사를 주도했던 정철 등에게 비난을 퍼부었다. 그의 상소는 기축옥사가 끝난 후 그 음모를 폭로한 최초의 상소이기도 했다.

예로부터 소인이 군자를 공격할 때 혹 붕당으로 지목하기도 하면서 역모로 엮는다. 이보다 더욱 참혹한 일이 없으니 통탄스럽다. 세도世道로 말하면 일체의 고사高士(고결한 인격을 지닌 선비)를 얽어 반역의 죄에 빠뜨리는 것은 실로 한 나라의 수치다.

－《내암집》

임진왜란이 일어나자 그는 남명의 외손녀 사위인 홍의장군 곽재우와 김면金沔, 전치원全致遠, 이대기李大期, 전우全雨 등과 함께 왜군을 격퇴하는 데 앞장서기도 했다. 이에 전쟁이 끝난 후 그 공로를 인정받아 제용감정濟用監正에 제수되었지만, 자신의 공을 모두 동료에게 돌린 채 사직을 청하였다. 그러던 중 서인 출신 부사과副司果 이귀李貴가 그를 상대로 상소문을 올린 사건이 발생하였다.

지난해 겨울, 신이 체찰사 이덕형李德馨의 소모관召募官(병란이 발발했을 때 그 지역의 향병을 모집하기 위하여 국왕이 임시로 임명하던 관리)이 되었을 때 신에게 호남과 영남으로 가게 하면서 종이 한 장에다 신에게 분부하는 말을 써 주었는데, '백성들의 고통을 두루 찾아 살피라.' 한 것이 그중 하나였습니다. 신이 호남과 영남을 지나면서 병폐를 찾아보았더니, 호남의 폐단은 토호土豪들이 군정軍丁과 전결田結을 숨기고 빠뜨린 것에 지나지 않았습니다. 그러나 영남의 폐단은 이름이 선비라고 하는 자들이 수령守令들을 협박하고 절제하여 도류徒流 장살杖殺의 권한이 모두 그들의 손에서 나오는데, 이는 실로 정인홍이 앞장서서 주창한 짓입니다.

-《선조수정실록》36권, 선조 35년 윤2월 1일 갑오

이귀는 기축옥사 당시 정인홍이 송강 정철을 공격하면서 자기 스승인 우계牛溪 성혼成渾을 공격한 것에 불만으로 품고 있던 터였다. 하지만 선조는 이를 문제 삼지 않았다. 오히려 동지중추부사와 공조참판 등의 벼슬을 계속해서 제수하였다. 그러나 그는 병을 평계로 끝내 나가지 않았다.

신병身病으로 천청을 번독케 한 것이 한두 번이 아니어서 늘 스스로 두려워하고 있었는데, 다행히도 사헌부에서 체직遞職(벼슬을 갈아 냄)되어 바로 도성 밖으로 나갔습니다. 그런데 또 부호군의 명을 받게 되었으므로 놀라고 두려워 어쩔 줄 몰라 세 차례나 정소呈疏(관청에 보고하는 일)하였습니다. 그리고 몸을 끌고 강을 건너 촌사村舍에 기숙하면서 면직의 명을 기다렸습니다. 그러면서 행여 한 걸음 한 걸음 남쪽 고향으로 돌아가 죽으려고 했는데, 규정 외의 휴가를 주는 명령이 갑자기 내려왔으므로 신은 그 은총에 감격하여 어쩔 줄 모르겠습니다. 그러나 낭패한 실정을 아뢰어 삼가 상을 번독煩瀆(개운하지 못하고 번거로움)케 하지 않을 수 없습니다.

신은 외아들이 죽은 뒤로 육신은 살아 있으나 속병이 더욱 심해져서 예사로운 일을 처리할 때도 잘못 그르치는 예가 많습니다. 지난번 대부臺府에 있으면서 정경세鄭經世를 논핵하려고 할 때도 그저 다시 서둘러 탄핵해야 할 줄만 알았지 규례를 잃어서는 안 된다는 점을 몰랐으며, 단지 동료들이 우

물쭈물 늦추는 줄만 알고 혼자 피혐하는 것이 재촉하는 결과가 되는 것을 살피지 못했으니, 거조가 잘못되어 소요를 일으키고 있는 것을 여기에서도 알 수 있습니다. 따라서 마음의 병이 극히 중하고 정신이 흐려진 탓으로 이미 무용지물이 되어 편책鞭策의 임무를 감당할 수 없음이 분명합니다. 더구나 풍현증風眩症(풍증으로 어지럽고 가슴이 답답하면서 정신이 혼미한 증세)이 근래에 더욱 심해져 앉거나 일어설 때 갑자기 땅에 쓰러지는가 하면 말을 타다가 길에 추락하기도 하여 한참 동안 인사불성이 되었다가 깨어나는 것이 추질醜疾과 매우 흡사하여 남의 이목을 놀라게 합니다. 그러니 내 한 몸만 위의를 잃을 뿐 아니라 진실로 명기名器를 거듭 더럽히게 될까 두렵습니다. 재직 중에도 한결같이 움츠려 엎드려 있기만 하고 공식 모임에 나가지 않은 것도 이 때문이었습니다.

신이 비록 보잘것없으나 그래도 하찮은 충성심은 본연의 천성에서 나옵니다. 일찍이 성조聖朝에서 수용해주신 은덕이 깊고도 무거우니, 저의 경우야말로 애초부터 문을 굳게 걸어 잠그고 몸을 허락하지 않은 자의 경우와는 견줄 수 없는 것입니다. 비록 직책에 매임이 없이 병으로 궁벽한 시골에 엎드려 있다 하더라도 국가에 유익하고 성은을 갚을 수만 있다면 오히려 험난함을 피하지 않고 마음과 힘을 다해야 할 것입니다. 그런데 지금은 이처럼 남다른 은총을 입어 천안天顔(임금의 얼굴)을 가까이할 수 있고, 친히 머물러 있도록 하라는 전교까지 받았음이겠습니까.

근력과 정신이 심하게 쇠진되지 않아서 대부의 반열에 끼일 수만 있다면, 신이 무슨 마음으로 굳이 성상의 뜻을 저버리고 꼭 체면遞免되어 돌아가려고 하겠으며, 천청을 번독케 하면서 그만두지 않겠습니까. 정리情理로 따져 보아도 그럴 이치는 정녕 없을 것입니다.

신이 들으니, 공자孔子 말씀에 "힘써 반열에 나아가 해낼 수 없다면 그만두어야 한다."라고 하였습니다. 신이 이처럼 노쇠하고 병들었는데, 스스로 할 수 없다는 것을 알면서도 그만두지 않는다면 성문聖門의 죄인이 될 뿐만 아니라 왕법王法에 있어서도 벌을 받아야마땅할 것입니다.

신이 삼가 살피건대, 옛사람 중에는 나이가 쉰도 채 못 되어 치사致仕(스스로 버슬에서 물러남)한 이도 있고, 고향에 자신의 뼈를 묻기 위하여 귀향을 허락받은 이도 있는데, 이는 꼭 연로하고 병이 많아서 직무를 감당할 수 없었기 때문만은 아니었습니다. 그것은 염퇴恬退하는 기풍을 숭상하지 않을 수 없고 그만둘 줄 아는 대의를 가상하게 여기지 않을 수 없었기 때문입니다. 임금도 죄로 여기지 않고 끝내 억지로 머물게 하지 않았던 것도 바로 이런 이유에서였습니다.

지금 신은 나이가 일흔에 가깝고 몸과 마음의 질병도 고질이 되어 치료하기 어렵습니다. 따라서 염퇴하는 절조나 그만둘 줄 아는 대의를 생각할 겨를도 없고 감히 할 수도 없습니다. 그런데도 구구히 돌아가기를 비는 것은 부득이한 사정에서 나온 것일 뿐 작록을 가벼이 여긴다거나 포만逋慢함을 즐기려 함은 더욱 아닙니다. 이미 물러난 이상 다시 나아가기 어려우니, 삼가 바라건대, 전하께서는 신의 절박한 실정을 살피시어 속히 본직의 체면을 명하소서. 그리하여 신에게 다시 머물러 있도록 하지 않고 전원으로 돌아가게 함으로써 마침내 죽어서야 돌아가는 탄식을 면하게 하여 주신다면 그지없이 다행이겠습니다.

- 정인홍이 선조에게 올린 상소문
《선조실록》 149권, 선조 35년 4월 23일(원전 24집 377면)


올린 글 잘 보았다. 경이 사양하고 돌아가서는 안 된다는 뜻을 내가 유시한 것이 한두 번이 아닌데, 경은 어째서 줄곧 고집만 하고 조금도 마음을 돌리지 않는 것인가. 혹 나와는 일할 수 없다고 여겨서 그러는 것은 아닌가? 지금 강을 건넜다는 말을 들으니 진실로 두렵다. 고향 산천의 풍경이 꿈속에 자주 나타난다 하더라도 내가 돌아가라고 허락한 다음에 호연히 돌아간다면 또한 어찌 늦는 일이 되겠는가. 지금 곧바로 성문을 나가다니 사체에 온당하지 못한 듯하다.

들건대, 맹호猛虎가 산림을 거닐게 되면 여우나 이리가 모두 자취를 감춘다고 하였다. 곧은 선비 한 사람이 조정에 있으면 그 공효功效(공을 들인 보람이나 효과)가 어찌 적겠는가. 어찌 꼭 아침에 나왔다가 저녁에 퇴근하는 직책에 구구하게 얽매이게 하려는 것이겠는가. 경은 질병을 참고 속히 돌아오도록 하라.

- 정인홍의 상소문에 대한 선조의 답문
《선조실록》 149권, 선조 35년 4월 23일(원전 24집 377면)


이렇듯 그는 선조의 두터운 신임을 받았다. 하지만 거기까지뿐이었다. 그 후 북인이 선조 말년 소북과 대북으로 분열되자, 그는 이산해李山海, 이

의가 아니면 죽음도 불사했던 강직한 선비 정인홍

이첨李爾瞻 등과 함께 대북의 영수가 되어 인목대비仁穆大妃(선조의 계비)가 낳은 영창대군永昌大君을 옹립하려는 소북에 대항해 광해군을 적극 지지하였다. 그러던 중 선조가 죽음이 임박해 광해군에 양위讓位(임금 자리를 물려줌)하려 할 때 소북의 영수이자 영의정이던 유영경柳永慶이 비망기備忘記(임금의 명령을 적어 승지에게 전하는 문서)를 감추는 일이 발생한다. 영창대군을 옹립하여 정권을 계속 유지하려는 속셈이었다. 이 소식을 들은 그는 즉시 유영경과 그 일파를 탄핵하는 상소문을 올린다.

임금이 연고年高(나이가 들어서 늙음)가 있을 때는 세자가 국정을 감독하고 나라를 지키는 것은 고금古今이 통하는 규칙입니다. 신은 감히 유영경이 말한 '여론의 바깥'에 있다는 것이 무엇인지 알지 못하겠습니다. 대간이 제대로 듣지 못하면 국정을 그르칩니다. 그 일을 정원과 사관이 사사로운 비밀로 했다면 사당私黨이 있음만을 알고 왕사가 있음을 알지 못하는 것입니다.

- 《내암집》

당시 그는 소북파의 대간과 승정원, 그리고 춘추관 소속 언관 모두를 비판하였다. 그 결과, 이효원李效元의 탄핵을 받아 생애 처음으로 평안도 영변으로 유배를 가야만 했다. 그러나 선조가 갑작스럽게 승하하는 바람에 곧 풀려나서 다시 고향으로 돌아갔다.

## 유생 명부 삭제, 이황과 이언적의 문묘종사를 반대하다

선조를 이어 즉위한 광해군은 소북 일당을 추방하고 대북 정권을 수립하였다. 이에 정인홍은 한성판윤과 대사헌에 기용되었지만 계속해서 사직서를 올리고 시정을 논하면서 출사하지 않았다. 그런 가운데 1610년(광해군 2년) 9월 조선의 명현 중 5현을 추천하여 문묘에 종사하는 일이 발생하였다.

광해군은 김굉필, 정여창, 조광조, 이언적, 이황 등 다섯 사람을 문묘에 종사하는 일로 다음과 같은 교서를 내렸다.

> 하늘이 대현大賢을 낸 것은 우연치 않은 일로서 이는 실로 소장消長의 기틀에 관계되는 것이다. 덕이 있는 자에게 상사常祀를 베풀어야 함은 의심할 나위가 없는 일이니, 존숭하여 보답하는 전례典禮를 거행하는 것이 마땅하다. 이에 이를 반포하여 귀의할 바가 있게 한다.
>
> **《광해군일기》 33권, 광해 2년 9월 5일**

김굉필, 정여창, 조광조 등은 당시 여러 계파와 서로 이해관계가 없었다. 하지만 이언적과 이황이 문제가 되었다. 그의 스승 남명이 빠진 채 퇴계 문하에서 미는 두 사람만 선정되었기 때문이다. 이때 광해군은 정인홍에게 내의와 예관을 친히 보내 급히 상경하도록 하였다. 그러자 그때까지와는 달리, 그는 찬성의 사직차辭職箚를 올림과 동시에 이언적과 이황을 비방하는 차자箚子(조선시대 관료가 국왕에게 올리는 간단한 서식의 상소문)를 함께 올린다.

신이 젊어서 조식曹植을 섬겨 열어주고 이끌어주는 은혜를 중하게 입었으
니, 그를 섬김에 군사부君師父 일체의 의리가 있고, 늦게 성운成運의 인정을 받
아 마음을 열고 허여하여 후배로 보지 않았는데, 의리는 비록 경중이 있으
나, 두 분 모두가 스승이라 하겠습니다. 신이 일찍이 고故 찬성贊成 이황이 조
식을 비방한 것을 보았는데, 하나는 상대에게 오만하고 세상을 경멸한다는
것이며, 또 하나는 높고 뻣뻣한 선비는 중도中道를 요구하기가 어렵다는 것이
고, 또 하나는 노장老莊을 숭상한다는 것이었습니다. 그리고 성운에 대해서
는 청은淸隱이라 지목하여 한 조각의 작은 절개를 지키는 사람으로 인식하
였습니다. 신이 일찍이 원통하고 분하여 한번 변론하여 밝히려고 마음먹은
지 여러 해입니다. … (중략) …

조식과 성운은 같은 시대에 태어나서 뜻이 같고, 도가 같았습니다. 또한
태산 교악泰山喬嶽 같은 기氣와 정금미옥精金美玉 같은 자질에 학문 공부를 독
실하게 하였으니, 작게는 사귀고 주고 거절하고 받는 사이요, 크게는 행하
고 감추고 나가고 들어앉는 즈음에 고인에 대하여 부끄러움이 없었습니다.
바르고, 바른 규모는 모두 사범師範이 될 만하니, 성문聖門의 고상한 길을 걷
는 사람이며, 성세盛世의 숨은 어진이라고 함이 옳을 것입니다. 단지, 한 세
상의 사람들이 보고 느끼는 사이에 권면될 뿐만 아니라 백 세 후에 듣는 자
들 역시 흥기興起될 것이니, 구구한 문자의 학문으로 이룰 수 있는 바가 아닙
니다. … (중략) …

이황은 과거로 출신하여 완전히 나가지도 않고 완전히 물러나지도 않은 채 서성대며 세상을 기롱하면서 스스로 중도라고 여겼습니다. 조식과 성운은 일찍부터 과거를 단념하고 산림에서 빛을 감추었고 도를 지켜 흔들리지 않아 부름을 받아도 나서지 않았습니다. 그런데 황이 대번에 괴이한 행실과 노장의 도라고 인식하였으니, 너무도 모르는 것입니다. … (중략) …

조식과 성운은 비록 세상을 피해 은거했다고는 하지만 선대 조정의 부름을 받아 조정으로 달려가서 한번 임금을 존중하는 뜻을 폈고, 누차 상소를 올려 정성을 다해 치안과 시무를 말씀드렸는데, 이것이 과연 괴벽한 도리이며 이상한 행실입니까. 그때 나이 이미 70이었습니다. 어찌 벼슬을 그만두어야 할 나이인데 출사하려고 하겠습니까. 수레를 버리고 산으로 돌아가 자신의 행실을 닦고 삶을 마친 것이 과연 중도에 지나치고 괴이한 행실을 한 것이며 세상을 경멸하는 노장의 학문이란 말입니까. 신은 의혹스럽습니다. … (중략) …

이언적과 이황이 지난날 가정嘉靖 을사년과 정미년 사이에 혹은 극도로 높은 벼슬을 하였고, 혹은 청직과 요직을 지냈으니, 그 뜻이 과연 벼슬할 만한 때라고 여겨서입니까? 이것은 진실로 논할 것도 못 되거니와, 만년에 이르러서는 결연히 물러나 나라에서 여러 번 불러도 나가지 않았으니, 이 또한 하나의 높고 뻣뻣한 일이며 세상을 경멸하는 행실입니다. 어찌하여 조식과 성운이 행한 바를 탐탁하게 여기지 않고 도리어 지나치게 높은 노장을 본받았단 말입니까.

대저大抵(대체로 보아) 고상을 지나치다고 하는 말은 옛날에는 없었는데 이황에게서 시작되었습니다. 그가 한세상을 우롱하고 나 외에는 세상에 사람이 없는 것처럼 보았으니, 그의 병통은 현자와 지인이 아니라도 알 수 있습니다. 그런데 화답하여 혀를 놀리는 자가 너무도 많으니 조식과 성운이 무함誣陷을 받았을 뿐 아니라 옛날 성현에게까지 무함이 미치고, 또 장차 후학을 속여 사도斯道를 해칠 것이니, 이는 절대 작은 우려가 아닙니다. 신이 논변해 밝혀서 언어와 문자 사이에 드러내지 않을 수 없는 것은 이 때문입니다.

이황이 조식과 성운에 대하여 절개요 이단이라고 하여 다시는 돌아보지 아니하였는가 하면, 심지어 시속을 좇아 세력에 붙고 이익을 탐하여 수치가 없으며, 시종일관 권간權奸의 문객이 되어 맑은 논의에서 버림을 받은 이정李楨과 황준량黃俊良 같은 약간의 무리를 도학으로 허여하기도 하고, 성현으로 기대하기도 하면서 그들과 왕복한 편지가 쌓여 책을 이루었습니다. 어찌 앞서서 나가고 앞서서 숨어서 명리名利의 마당에서 늙은 자를 하루아침에 도학의 공정工程과 성현의 사업으로 바랄 수 있겠습니까. 그의 좋아하고 미워함과 취하고 버림이 이처럼 종잡을 수 없는데, 이것이 과연 천부적 본심과 올바른 성정에서 나온 것입니까. 이 때문에 신이 더욱 마음에 불만스럽게 여긴 것입니다. … (하략) …

**- 이언적과 이황의 문묘 종사가 부당함을 극론하며 올린 〈회퇴변척소〉**
**《광해군일기》 39권, 광해 3년 3월 26일**

이 차자에 대해 당시 사관은 다음과 같은 평을 남겼다.

정인홍의 차자는 오로지 이언적과 이황을 공격하기 위한 것이다. 아, 언적과 이황을 어찌 쉽게 공격할 수 있겠는가. 언적과 이황은 학문이 끊어진 뒤에 분발하여 대업大業에 잠심하여 깊은 뜻을 천명하고 어두운 사람들을 깨우쳐 유림의 모범이 된 지가 벌써 45년이다. 온 세상 사람들이 지혜로운 사람, 어리석은 사람, 어진 사람, 불초한 사람 할 것 없이 모두 그가 대유大儒(학문과 덕행이 높이 이름난 유학자)임을 알고 있으니, 이것이 어찌 하루아침의 언론으로 갑자기 공격하여 깨뜨릴 수 있는 것이겠는가.

인홍이 이러한 논변을 한 것은 대개 이황이 일찍이 자기의 스승인 조식에 대해 논한 것을 분하게 여겨서이다. 선배의 장단은 후학이 쉽게 논할 수 있는 것은 아니다. 그러나 두 사람이 남긴 글이 모두 있으니, 그들의 논저를 살펴보면 이황과 조식의 잘잘못을 알 수 있다. 조식의 학學은 의리를 강론하는 것을 크게 꺼렸으니 이는 주자가 육 씨陸氏를 공격한 바였고, 경敬을 논함에 심식心息이 서로 의지하는 것을 요체로 삼았으니, 이는 도가의 수련법에서 나온 것이다. 우리 유가에서는 일찍이 이러한 공부의 과정이 없었다. 그 외에 시골에서 살면서 끼친 폐단이나 임금에게 불손하게 아뢴 말들은 모두 지나치게 미워하고 지나치게 곧은 잘못에서 나온 것으로 자못 유학자의 기상이 없었다. 더구나 그의 문사文辭는 괴벽하고 깊고 어두워 결코 명도달리明道達理의 말은 되지 못한다. 대개 그 사람이 절개가 높고 기상이 곧아 자부심이 태과하였으나, 실상은 한 번도 학문의 공부에 깊이 들어간 적이 없었다. 그 때문에 이황이 높고 뻣뻣한 노장으로 지목하였던 것이다. 어찌 본 것도 없이 함부로 말하였겠는가. 그러나 벼슬하지 않은 절개는 그의 장점이다. 이황 역시 애초에 이를 비난한 적은 없었다.

이황의 학문은 한결같이 주자를 표준으로 삼아 논변과 저술에 크게 발명함이 있었고, 또 그 기상이 화평하고 신밀愼密하여 자연히 도에 가까웠다. 이른 나이에 학문이 아직 성취되지 못한 상태에서 벼슬길에 올라 비록 조금의 후회가 있음을 면하지는 못하였으나 역시 몸을 잃어버리는 데까지는 이르지 않고 곧바로 떠났다. 만년에 학문이 진전되고, 덕이 이루어져 우뚝하게 수립함에 성명誠明이 둘 다 지극한 데에 이르고 행실과 견해가 함께 도달하였다.

**《광해군일기》 39권, 광해 3년 3월 26일**

이렇듯 정인홍은 스승 조식과 성운을 위해 이언적과 이황의 문묘종사를 극렬하게 저지하였다. 그러다가 8도 유생들로부터 오히려 탄핵을 받았고, 성균관 유생들에 의해 《청금록靑襟錄(유생들의 명부)》에서 삭제되는 아픔을 당하기도 하였다. 그럼에도 광해군은 그를 단 한 번도 의심하지 않았다. 오히려 그를 두둔하고 나섰다.

정인홍의 이름을 《청금록》에서 삭제하자고 주장한 자가 누구냐? 그는 임하林下(벼슬을 그만두고 은퇴하여 지내는 곳)에서 독서할 뿐만 아니라 끝까지 바름을 지키는 선비다. 또 그의 작위가 아주 높은데도 삭명削名하자고들 하니, 그 수단이 놀랄만하다. 삭명을 주장한 자를 속히 가려내어 아뢰어라.

**-《광해군일기》 40권, 광해 3년 4월 20일**

결국, 이 사건으로 인해 조식의 문하와 이황의 문하는 돌아올 수 없는 다리를 건넜다. 그리고 몇백 년의 세월이 흐른 지금까지도 그 영향이 면면히 이어져 오고 있다.

## 조작된 누명, 영욕의 삶을 살다 가다

광해군이 임금으로 즉위 한 후 임해군의 옥사가 일어났을 때였다. 임금의 혈육이므로 목숨만은 살려 두어야 한다는 '전은설全恩說'로 논의가 분분하자, 정인홍은 법대로 다스려야 한다며 강변하였다. 그러나 인목대비의 아들이자 배다른 혈육으로 역시 강화도에 유배 중이던 영창대군은 잘 보살펴야 한다고 하였다.

여덟 살 어린아이는 이해가 어떻게 돌아가는지 모를 것이니, 역모를 도모하지 않았음은 지당한 일입니다. 이제 그는 기어서 멋모르고 샘으로 들어가는 적자赤子이니, 전하께서는 선왕이 돌봐달라고 부탁하신 뜻에 따라 잘 보존하신다면 백왕 중 뛰어난 임금이 될 것입니다. 대저 그에게 법을 꼭 가하고자 하는 자들은 한때 세리를 급박하게 좇는 것입니다. 신이 생각건대, 전하께서 그를 죽이지도 허물지도 않는 것은 당연한 의리입니다.

－《내암집》〈신영창소〉

이에 광해군은 다음과 같은 비답批答(상소에 대한 임금의 하답)을 내렸다.

경이 계속 올린 차자(상소문)를 보니 가르침이 명백하다. 군자가 조정에 있지 않으면 누가 자리를 잘 꾸리겠는가? 깊이 아름다운 탄식이 나온다. 내가 비록 어둡고 나약하나 함께 역모를 꾸미는 줄 알았다면 어찌 귀한 근친이라고 용서하랴. 잘못 죄에 연루되는 걱정이 있어 정상이 아닌 실수를 면치 못할까 두렵다. 경의 의혹이 마땅하다. 경은 멀리 있으니 귀로 듣는 것은 눈으로 보는 것만 같지 못할 것이니 억지로라도 올라와 일을 바로잡아 달라.

**-《광해군일기》 68권, 광해 5년 7월조**

이렇듯 광해군의 전폭적인 신임을 얻은 그는 광해군 4년 우의정에 제수되었고, 1613년에는 계축옥사癸丑獄事(광해군 5년 대북파가 영창대군 및 반대파 세력을 제거하기 위하여 일으킨 옥사)에 대한 공로로 서령부원군瑞寧府院君에 봉해졌다. 그리고 곧이어 좌의정에 올라 궤장几杖(임금이 국가에 공이 많은 늙은 신하에게 주는 앉을 때 몸을 기대는 방석과 지팡이)을 하사받았다.

그는 형제간의 의리보다도 더 중요한 것은 사리에 맞은 일관된 주장이라고 생각하였다. 이에 1618년 인목대비의 서궁 유폐幽閉(아주 깊숙이 가두어 둠)가 이루어진 뒤 폐모론이 일어나자 이를 반대하는 상소를 올리기도 하였다.

군신 백관은 함께 하지 못하는 의리가 있지만, 자모子母의 명의는 하늘에서 나온 것이어서 결코 바꾸지 못하는 명분이 있습니다. … (중략) … 지금 대비는 과연 여태후 같은 잘못이 있어서 조정에서 폐출을 논하는 것입니까?

-《내암집》

그해 3월 영의정을 사직하는 차자를 올렸다. 광해군은 거듭 그의 사직을 만류하였지만, 그때부터 죽을 때까지 그는 도성 출입을 하지 않았고, 일체의 상소와 차자 역시 올리지 않았다. 그런 그를 일컬어 사람들은 '산림정승'이라고 불렀다.

그동안 그는 고향 합천에 은거하면서 요집조권遙執朝權(멀리서 조정의 권세를 좌지우지함) 하는 위치에 있었다. 그러나 조용히 세상을 관망하던 시절도 잠시. 1623년(광해군 15년) 인조반정仁祖反正(서인 일파가 광해군 및 집권당인 대북파를 몰아내고 능양군(인조)을 왕으로 세운 정변)이 일어났고, 역사는 다시 피를 불렀다.

광해군이 폐위되고, 인조가 임금에 오르자, 서인은 고향에 머물던 89세의 그를 붙잡아 올려 3일 만에 정형正刑(죄인을 사형에 처하는 큰 형벌)에 처하고 말았다. 그에게 뒤집어씌운 죄는 총 다섯 가지였다.

첫째, 이이첨과 함께 광해군의 난정을 도왔다는 것

둘째, 광해군의 어머니인 공빈 김 씨를 종묘에 들게 한 것

셋째, 풍수설로 교하에 천도 역사를 벌인 것

넷째, 영창대군을 능멸하고 죽음에 이르게 한 것

다섯째, 폐모론을 내세우고 인목대비를 유폐한 것

그렇게 해서 없는 죄를 뒤집어쓴 채 희생당한 사람이 무려 1천여 명을 넘었다. 그중 그와 이이첨을 비롯한 중죄인 16명은 저잣거리에서 만조백관이

지켜보는 가운데 시체를 찢어 사방에 돌려가며 효시하는 형벌인 정형을 받았다. 그냥 목만 베인 채 죽은 사람이 67명이었고, 도망가서 목숨만 부지한채 숨어 산 사람과 벼슬이 떨어진 사람도 1천여 명에 이르렀다.

죽음이 임박해 그는 다음과 같은 말을 남겼다.

학문을 사우師友에게서 받아 군신 부자의 대의를 조금 안다. 아아, 몸은 물러나 초야에 누워 있는 지 지금 20여 년이다. 분분한 세상일을 들어 알고자 하지 않으면서 90세가 되도록 목숨을 이어 지금까지 죽지 않았다가 끝내 폐모했다는 이름을 얻고 죽는구나. 애오라지(마음에 부족하나마 겨우) 불쌍한 것은 없으나 지하에서 눈을 뜨고 선왕을 뵈올 수 없음이 두렵구나.

– 《내암집》

그렇게 해서 그는 영욕榮辱(세월의 흐름에 따라 점철되는 영광과 치욕을 아울러 이르는 말)의 삶을 마감하였다. 그와 함께 그의 재산은 모두 적몰籍沒(중죄인의 가산을 몰수하는 것)되었으며, 삼족이 멸하면서 가문의 대代 역시 끊기고 말았다.

한편, 그를 정형에 처하면서 내린 일종의 판결문인 〈반교문頒敎文(국가 비상사태나 중요 사안이 있을 때, 또는 나라의 경사나 왕실의 경사가 있을 때 백성에게 포고하는 국왕의 포고문)〉은 가슴이 서늘하다 못해 슬프기까지 하다.

뱀과 같은 교활한 성품과 도깨비 같은 마음을 지닌 역적 괴수 정인홍은 처음에는 선비들 사이에서 명망을 도둑질하였고, 한낱 세력이나 뽐내는 품관品官이었다. 중간에는 의병이라 핑계를 대고서 힘으로 향촌을 눌렀으며, 모질고 둔한 무리를 긁어모아 괴이한 학문을 퍼뜨렸다. 그리고 이언적, 이황이 우리나라의 큰 현인인데도 유감을 품고 상소를 올려 있는 힘을 다하여 배척하였다. 정온, 이대기는 곧은 말로 죄를 입었는데도(인목대비의 폐비를 반대한 일로 유배를 갔음) 돌을 던지며 조금도 구하지 않았다. 이에 선비들이 모두 분한 마음을 품었고, 제자들 역시 우수수 떨어져 나갔다.

또한, 그는 역적 괴수 이이첨과 안팎으로 산림의 학자라고 칭하면서 정승 자리를 차지하였다. 그리고 어두운 임금을 형벌과 옥사의 길로 이끌었고, 저를 따르는 무리에게 아첨을 가르쳤다. 사사로운 어머니(선조의 후궁이자, 광해군의 생모인 공빈 김 씨)를 종묘에 모시자는 의논을 예조에서 여러 번 반대하여 말렸는데도 한마디로 찬성하여 상주하도록 권하기도 하였으며, 경연에 올라서는 풍수설을 내세워 궁궐을 짓는 일을 벌이기도 하였다.

계축의 옥사(영창대군의 외조부 김제남의 옥사) 때는 차자를 올려 영창대군을 가리켜 '우리 속 불알 깐 돼지'라고까지 하였다. 인목대비를 폐하자는 논의가 일어날 때는 먼저 폐하고, 뒤에 중국에 알리자는 논의를 앞장서 주장하면서 지난날의 간악한 여자로 비유하기까지 하고, 불공대천의 원수라고 말하여 인목대비를 유폐시키는 화禍가 그의 말에서 결정되었다. 이토록 강상 綱常(삼강과 오상을 아울러 이르는 말)이 끊어지게 하고 사람의 도리를 막히게 하였으니, 사람으로서 악독함이 누가 이보다 더하랴. 늙어서도 죽지 않은 것은 천심이 오늘이 있기를 기다린 것이리라.

**-《연려실기술》〈인조조 고사본말〉계해죄적**

# 불의와 부정 속에 조작된 삶

**스승으로부터 배운 강직한 기개와 직언**

1555년(명종 10년) 한 장의 상소가 조정을 발칵 뒤집어 놓았다. 그 주인공은 단성현감을 제수받은 남명 조식이었다. 퇴계 이황과 견주어 영남학파 경상우도를 대표하는 유학자였던 그는 상소를 통해 문정왕후를 과부로 비유하며 외도정치와 조정의 문제점을 날카롭게 거론하였다.

선무랑宣務郎(종6품 이하의 문관 품계)으로 단성현감에 새로 제수된 신臣 조식曺植은 황공하여 머리를 조아리고 주상 전하께 상소를 올립니다. 엎드려 생각하옵건대 선왕先王께서 신의 변변치 못함을 모르시고 처음 참봉에 제수하셨고, 전하께서 왕위를 계승하신 후 주부主簿에 두 번씩이나 제수하셨습니다. 이번에 다시 현감에 제수하시니 떨리고 두렵기가 산을 짊어진 것 같습니다. 그런데도 감히 대궐에 나아가 전하의 은혜에 사례 드리지 못한 것은 임금이 인재를 등용하는 것이 장인匠人이 재목을 취하는 것과 다르지 않다고 생각해서입니다. 깊은 산과 큰못 어느 곳이든 재목이 될 만한 나무는 버리지 않고 취하여 큰 집을 짓는 것 같아서 대장大匠이 나무를 구하는 것이지 나무가 스스로 쓰임에 참여할 수 없는 것입니다. 전하께서 인재를 등용하시는 것은 나라를 다스리는 책무 때문이지만 신은 맡은 일을 감당치 못할까 걱정이 됩니다. 이 때문에 감히 큰 은혜를 사사로이 받지 못하겠습니다. 그러나 신이 머뭇거리며 나가기 어려운 뜻을 전하의 측석側席 아래서 감히 아뢰지 않을 수 없습니다. … (중략) …

전하의 국사는 이미 그릇되었습니다. 나랏일은 이미 잘못되었고, 나라의 근본은 이미 없어졌으며, 하늘의 뜻도 민심도 이미 떠나버렸습니다. 비유컨대, 큰 고목이 100년 동안 벌레에 먹혀 속이 팰 대로 패고, 그 진이 다 말라버려, 언제 폭풍우가 닥쳐와 쓰러질지 모르는 지경에 이른지 이미 오래입니다.

낮은 벼슬아치들은 아랫자리에서 시시덕거리며 술과 여색에만 빠져 있고, 높은 벼슬아치들은 윗자리에서 빈둥거리며 뇌물을 받아 재물을 긁어모으는 데 여념이 없습니다. 오장육부가 썩어 뭉크러져 배가 아픈 것처럼 온 나라의 형세가 안으로 곪을 대로 곪았는데도 누구 하나 책임지려고 하지 않습니다.

내직의 벼슬아치들은 자신들의 당파를 심어 권세를 독차지하려 들기를, 마치 온 연못 속을 용이 독차지하듯이 합니다. 또 외직에 있는 벼슬아치들은 백성 벗겨 먹기를 마치 여우가 들판에서 날뛰듯이 하고 있습니다. 그들은 가죽이 다 없어지고 나면 털이 붙어 있을 데가 없다는 사실을 알지 못합니다. 백성을 가죽에 비유한다면 백성으로부터 거두어들이는 세금은 털에 비유할 수 있습니다. 신이 자주 낮이면 하늘을 우러러 깊이 탄식하고 밤이면 천장을 바라보고 답답해하며 흐느끼는 까닭이 바로 여기에 있습니다.

전하께서 좋아하시는 것이 어디 있느냐에 따라 나라의 존망이 달려 있습니다. 더욱이 정치하는 것은 사람에게 달려 있습니다. 전하 자신의 경험으로 인재를 선발해 쓰시고 도로써 몸을 닦으십시오. 전하께서 솔선수범하여 사람을 취해 쓰신다면 전하를 가까이 모시는 신하들이 모두 사직을 지킬 만한 사람으로 가득 찰 것입니다. 그렇지 않고 눈으로 본 것만 가지고 사람을 취해 쓰신다면 곁에서 모시는 몇 사람을 제외하고는 전하를 속이거나 저버릴 무리로 가득 찰 것입니다. 엎드려 바라건대 반드시 임금으로서의 원칙을 세우십시오. 원칙이 없으면 나라가 나라답지 못하게 됩니다. … (중략) …

자전慈殿(임금의 어머니)께서는 생각이 깊으시나 궁중의 한 과부寡婦에 지나지 않고, 전하께서는 선왕先王의 어린 고사孤嗣(외로운 후사)일 뿐입니다. 그러니 수많은 천재와 억만 갈래 인심을 무엇으로 감당해내며 어떻게 수습하겠습니까? 강물이 마르고 곡식이 비 오듯 내렸으니 이 무슨 조짐입니까? 음악 소리는 슬프고 옷은 소복이니 형상에 이미 흉한 조짐이 나타났습니다. 이러한 시기를 당해서는 아무리 주공周公과 소공召公의 재주를 겸한 자가 대신大臣의 자리에 있다고 하더라도 어찌할 수가 없을 것입니다. 하물며 초개와 같이 보잘것없는 신이 무엇을 할 수 있겠습니까? … (중략) …

엎드려 원하옵건대, 전하께서는 반드시 정심正心으로서 신민의 요체로 삼으시고 수신修身으로서 사람을 임용하는 근본으로 삼으셔서 왕도의 법을 세우십시오. 왕도의 법이 법답지 못하게 되면 나라가 나라답지 못하게 됩니다. 엎드려 바라옵건대 이를 밝게 살펴주소서 신 조식은 떨리고 두려운 마음을 가누지 못한 채 죽음을 무릅쓰고 전하게 아룁니다.

-《남명집》권2, 〈을묘사직소〉

그 어떤 신하가 임금이 하사한 벼슬을 사양하면서 이토록 당당하게 자기 뜻을 전할 수 있을까. 더욱이 대비를 과부로, 임금을 고아로 표현할 수 있는 대담함은 과연 어디서 나오는 것일까. 이는 그가 어떤 욕심도 없었을뿐더러 현실을 직시하며, 현실의 모순을 외면하지 않겠다는 강직한 기개를 표현한 것이라고밖에 할 수 없다.

당연히 조정은 발칵 뒤집혔다. "군주에게 불경을 범했다." 라는 이유로 그를 처벌하자는 주장이 여기저기서 제기되었다. 그러나 상당수의 대신과 사관들은 "조식이 초야에 묻힌 선비라서 표현이 적절하지 못한 것이지, 그 우국충정은 높이 살만하다." 라거나 "조식에게 벌을 주면 언로가 막힌다." 라는 논리로 그를 적극적으로 변호하였다. 그 결과, 파문은 곧 가라앉았다.

말 한마디로 목숨을 날릴 수 있는 절대군주 앞에서 일개 처사에 불과했던 남명은 이처럼 당당하게 직언을 퍼붓는 선비였다. 그리고 만인지상의 임금과 조정의 심장부에 붓끝을 겨누었던 그의 기개는 제자 정인홍에게 그대로 이어졌다.

## 율곡 이이와 사관도 상찬했던 그의 정의관

정인홍은 조선 5백 년 역사상 가장 난세로 꼽히는 선조와 광해군대를 살았던 인물이다. 율곡의 《석담일기》를 보면 그에 관한 이야기가 여러 편 실려 있다.

장령으로 재직하고 있던 정인홍이 어버이를 만나기 위해 시골로 돌아갔다. 정인홍은 사헌부에 있으면서 위풍으로 제재하여 백료들이 진작되고 바르게 되었고, 거리의 장사치들까지도 감히 금하는 물건을 밖에다 내놓지 못하였다.

그러던 어느 날, 한 무부武夫가 시골에서 입경하여 어떤 이에게 말하였다.

"장령 정인홍은 그 형상이 어떻게 생겼소? 그 위엄이 먼 외방에까지 전해져서 병사와 수사水使, 수령 무리까지도 두려워하고 삼가 경계한다고 하니, 그는 진실로 장부요."

그러자 이 말을 들은 이이가 웃으면서 말하였다.

"정인홍이 현관이 되니 많은 사람이 꺼리고 미워하는데, 그 무부는 감히 칭찬을 하니, 그가 바로 장부요."

정인홍이 어버이를 뵈러 시골로 돌아가자 성안의 방종한 사람들은 모두 기뻐하면서 다음과 같이 말하였다.

"이제야 어깨를 좀 쉬겠다."

다만, 정인홍은 도량이 좁아서 처사가 혹 다급하고 떠들썩함을 면하지 못하였으므로 이이가 매양 글을 보내어 권하고 경계하도록 하였다.

"큰일에는 마땅히 분발하여 일어날 것이지만, 작은 일은 간략하게 처리하는 것이 좋소. 뭇 사람의 말썽이 떼 지어 일어나면 시사가 더욱 어찌할 수 없을 것이요."

그러나 정인홍은 오히려 이이가 지나치게 유약하다고 의심하여 안민학安敏學에게 다음과 같이 말하였다.

"이이가 굳세고 꿋꿋하게 일할 사람은 아니요."

안민학은 그 말을 이이에게 그대로 전하였다. 그러자 이이는 "나는 인홍의 위韋(가죽)가 되고, 그는 나의 현弦(줄 또는 시위)이 되어 하나로 합친다면 어찌 일하지 못하겠소." 라고 하였다.

**– 이이, 《석담일기》**

당시 사관은 정인홍에 관해서 《조선왕조실록》에 다음과 같이 기술하였다.

보기 드문 왕명을 받들어 초야에서 나왔을 때 임금은 자리를 비워 대접했고, 초야는 눈을 씻고 우러러보았다.

이렇듯 그는 누구보다도 강경한 지조와 강려剛戾한 성품을 지니고 있었다. 그리고 지나칠 만큼 경의敬義를 내세웠다. 하지만 그것이 적지 않은 물의를 일으켰다. 또한 그는 갈수록 바른말을 하는 신하는 없고, 그런 상황 속에서 파당의 뿌리가 깊어지며, 임금의 권세가 줄어든다고 생각하였다. 이에 당쟁의 폐해를 항상 걱정하였다.

조정에는 몸과 자리를 보존하여 일시의 명리를 도모하려는 자들이 많고, 충성으로 나라에 봉사하며 성조를 위해 깊이 사려하는 자는 적어서 편사偏私의 풍습은 날이 갈수록 굳어지고 인주人主의 형세는 날이 갈수록 외로워지고 있다.

-《내암집》

그 시대 역시 지금과 다를 바 없이 허위가 판을 치는 시대였다. 그 때문에 옳고 그름을 제대로 판단하는 사람은 벼슬길에 나가지 않았고, 사리사욕으로 가득한 이들이 정의로운 선비 흉내를 내면서 시대를 농락할 뿐이었다.

### 참다운 실학을 실천했던 도학자

매천梅泉 황현黃玹의 《오하기문梧下記聞》을 보면 정인홍에 관해 다음과 같이 쓰여 있다.

오늘날 유학의 성세는 극도에 다다랐다 하겠으나, 참다운 실학이 있는 사람은 침체되고 말라빠져서 마침내 온 세상에 단 한 명의 참다운 도학자도 없게 되었다. 오늘날 소위 산림山林은 한낱 국가에 아무런 이익이 없을 뿐만 아니라 향리에서도 본보기가 되기에 부족하며, 퇴계와 율곡 같은 현인은 말할 것도 없고, 정인홍과 이현일李玄逸의 초년의 문망과 견줄 자를 구해도 얻을 수 없다. 슬프다!

조선의 대학자인 율곡 이이와 사관들로부터 상찬을 받은 정인홍은 조선 5백 년 역사 속에서 만고의 역적이 되어 치욕의 삶을 마감하였다. 하지만 그 이름은 두고두고 회자되어 지금에 이르고 있다.

역사는 돌고 돈다고 한다. 그 말마따나 한 나라의 흥망성쇠도, 한 개인의 삶도 돌고 돈다. 그때나 지금이나 나와 생각이 같으면 군자, 즉 좋은 사람이요, 나와 생각이 다르면 소인, 즉 나쁜 사람이다.

한 시대를 풍미했던 정인홍의 자취는 그다지 남아 있지 않다. 하지만 그의 삶은 그가 남긴 글 속에 오롯이 살아남아 수많은 이에게 자신을 점검하고 나아가게 하는 원동력이 되고 있다. 만일 정인홍이 구천에서 작금에 일어나고 있는 어지러운 일을 바라보고 있다면 과연 뭐라고 할까? 심히 부끄럽다.

## ◉ 정인홍 연보 ◉

- 1535년(중종 30년) 경상도 합천 가야면 사촌리에서 태어남

- 15세 _ 1550년(명종 5년) 남명 조식을 찾아가 제자가 됨

- 23세 _ 1558년(명종 13년) 사마시 합격

- 37세 _ 1572년(선조 5년) 스승 조식 사망. 스승의 행장과 신도비명을 지음

- 38세 _ 1573년(선조 6년) 충청도 황간현감에 제수됨

- 45세 _ 1580년(선조 13년) 사헌부 장령에 제수되어 아전의 가렴주구를 탄핵함

- 54세 _ 1589년(선조 22년) 기축옥사 발발. 삭탈관직됨

- 57세 _ 1592년(선조 25년) 임진왜란 발발. 의병 창의 후 영남 의병도대장에 제수됨

- 67세 _ 1602년(선조 35년) 승정원 동부승지, 사헌부 대사헌에 제수. 그러나 부임하지 않음

- 76세 _ 1611년(광해군 3년) 조식의 문묘 종사 문제로 이황과 이언적의 출처 문제를 논박

    함. 그러나 이로 인해 유생 명부인 〈청금록〉에서 이름이 삭제되는 수모를 당함

- 80세 _ 1615년(광해군 7년) 임금으로부터 궤장을 하사받음

- 83세 _ 1618년(광해군 10년) 영의정 제수. 그러나 출사하지 않고 3차례 사직상소를 올림

- 88세 _ 1623년(인조 1년) 4월 인조반정 발발. 반정 세력에 의해 죽임을 당함

- 死後 _ 1908년(순종 2년) 4월 30일 신원 및 영의정 관작 복위

正義

**첨예한 논쟁의 중심 기축옥사의 주인공, 정여립**

# 천하는 공물인데
# 어찌 주인이 있으리

"천하는 공물인데, 어찌 정해진 주인이 있겠는가?
누구를 섬기든 임금이 아니겠는가?"

임진왜란이 일어나기 3년 전이었던 1589년 가을, 한 장의 상소가 조정을 발칵 뒤집어 놓았다. 정여립鄭汝立이 전라도와 황해도를 중심으로 역모를 꾀했다는 황해감사 한준韓準의 비밀 장계였다. 화들짝 놀란 선조는 급히 대신들을 소집하였다.

기축년 10월 2일, 황해감사 한준의 비밀 장계가 들어왔다. 이날 밤 임금은 삼정승, 육승지, 의금부 당상관들을 급히 들어오게 하고, 도총관과 홍문관 관리들도 모두 입시入侍(대궐에 들어가 임금을 뵙는 일)하게 하였다. 다만, 춘추관 검열로 사관이었던 정여립 누이의 아들 이진길李震吉만은 들어오지 못하게 하였다. 임금이 비밀 장계를 내려서 보이니, 그것은 안악군수 이축李軸, 재령군수 박충간朴忠侃, 신천군수 한응인韓應寅 등이 역모 사건을 고변한 것이었다. 그 내용은 전주에 사는 정여립이 역모를 꾸며 괴수가 되었는데, 그 일당인 안악 사람 조구趙球가 밀고했다고 되어 있었다.

-《연려실기술》제14권 〈선조조 고사본말〉

## 기축옥사, 그 피비린내 나는 사건의 서막

깊은 밤중에 영문도 모른 채 불려온 신하들은 임금이 어서 입을 열기만을 기다렸다.

"정여립은 과연 어떤 사람인가?"

마침내 선조가 침묵을 깨뜨렸다.

"그의 인물됨을 모릅니다."

영의정 유전柳瑔과 좌의정 이산해李山海가 입을 모아 대답하였다.

"그가 책 읽기를 즐기는 사람이라는 것만 알고 다른 것은 모릅니다."

옆에 있던 우의정 정언신鄭彦愼이 덧붙여서 말하였다.

그러자 선조는 장계를 상 아래로 내던지며 다음과 같이 소리쳤다.

"책을 읽는 사람의 행동이 이와 같단 말인가?"

선조는 승지를 시켜서 그 장계를 읽도록 하였다. 이윽고 승지가 한 줄 두 줄 읽어 내려감에 따라 정여립의 음모가 속속 드러났다.

《선조실록》에는 그 역모의 시나리오가 다음과 같이 기록되어 있다.

기축년 겨울, 서남지방에서 일시에 군사를 일으키기로 기약하였다. 강나루 건너 곧바로 서울을 침범한 뒤 무기고를 불태우고 강창江倉을 빼앗아 점거한 후 도성 안에 심복을 배치하여 내통하도록 한다. 그리고 자객을 나누어 보내 훈련대장 신립申砬과 병조판서를 먼저 죽이고, 임금의 명을 사칭해 병사兵使와 방백方伯을 죽인다. 또 대관에게 청탁해 전라감사와 전주부윤을 탄핵해 파면하고 그 틈을 타서 일제히 일어난다.

하지만 한준의 비밀 장계는 재령군수 박충간의 보고에 의한 것이라고만 했을 뿐 어떤 경로로 첩보를 취득했는지에 대해서는 자세히 밝히고 있지 않았다. 그 때문에 조정에서는 근거 없는 헛소문일 것이라는 견해가 우세했다. 하지만 그 내용의 옳고 그름을 따지 겨를도 없이 선전관과 금부도사가 전라도와 황해도로 급파되었다.

당시 동인은 정여립이 서울로 붙잡혀 오면 그 특유의 말솜씨로 사건의 경위를 명확히 설명할 것으로 기대하였다. 서인들 역시 마찬가지였다. 대부분이 그가 비록 마음은 부정할지언정 반역까지는 도모하지 않았을 것으로 믿어 의심치 않았다. 그러나 그들의 기대를 무너뜨리는 일이 곧이어 일어났다. 금부도사 유담柳湛으로 부터 정여립이 하루 전에 급히 사라졌다는 급보가 올라온 것이다. 그러자 조정 전체가 비로소 술렁거리기 시작하였다. 그러나 이 역시 오해에 불과했다. 당시 정여립은 황해도 안악에서 한걸음에 달려온 변숭복邊崇福으로부터 고변 사실을 전해 듣고 깜짝 놀란 나머지 아들 정옥남鄭玉男과 박연령朴延齡의 아들 박춘룡朴春龍을 데리고 진안 죽도로 숨어든 것이었다. 하지만 아무런 준비도 없이 도피했기 때문에 며

칠 동안 인근 마을에서 밥을 얻어먹고 지내야만 했다. 그러다가 이를 수상히 여긴 마을 사람들이 관아에 신고를 했고, 얼마 후 진안현감 민인백閔仁伯이 이끄는 관군이 죽도 천반산天盤山을 포위하기에 이른다.

민인백은 당시 정여립의 최후를 다음과 같이 기록하였다.

> 칼을 가진 자가 말하기를 "전주의 천 명, 만 명이나 되는 군사들 속에서도 능히 몸을 피해 도망쳐 왔소. 지금 이곳의 군사는 불과 2백 명도 되지 않으니 칼로 휘둘러 치면 쉽게 탈주할 수 있소이다." 라고 하였다. 그러나 정여립은 "저들이 활을 겨누고 있어서 도망칠 방법이 없네. 그리고 어찌 무고한 양민을 죽일 수 있겠는가? 우리가 자결하는 것만 못하네." 라고 하였다. 그러더니 돌아서서는 한 사람이 짚고 있던 칼을 빼앗아 턱밑으로 추어올리니 살이 찢어졌다. 정여립이 다시 가까이 가자 그자는 목을 내어 칼을 받고 쓰러졌다. 그리고 칼이 번득일 때마다 한 사람씩 쓰러졌고, 마침내 정여립은 땅에 칼을 꽂고 목을 빼 칼날로 자신의 목을 찔렀다. 서둘러 군사들을 독려하여 가 보니 정여립이 크게 부르짖기를 마치 소가 우는 듯한 소리를 내며 죽었다.

> — 《토역일기討逆日記》

그러나 조선 후기에 남하정南夏正이 쓴 《동소만록桐巢漫錄》의 기록은 이와 전혀 다르다.

정여립이 꼬임에 빠져 진안 죽도에서 놀고 있을 때 선전관이 현감과 함께 두들겨 죽이고는 자살했다고 아뢰었다.

## 당대의 형서, 스승 이이를 비난하다

정여립의 자는 인백仁伯 또는 대보大輔이며, 태어난 곳에 대한 기록은 천차만별이다. 전주 동문 밖에서 태어났다는 기록도 있고, 남문 밖에서 출생했다는 기록도 있다. 하지만 《한국지명총람》에 따르면 그가 태어난 곳은 전북 전주시 색장동에 있는 파쏘봉 아래인 듯하다.

8대 조부인 정인鄭絪이 김제에 정착한 이래 그의 가족은 김제와 전주 일대에서 계속 살았다. 특히 7대 조부 정승鄭昇은 고려 때 이조판서를 추증받았으며, 6대 조부 정가종鄭可宗은 예조판서를 지냈을 만큼 그의 집안은 일대에서 알아주는 명문가였다. 또 그와 9촌 사이였던 정언신의 고조부 정수홍鄭守弘 역시 태조부터 세종 때까지 조정에 있으면서 대사간 등의 벼슬을 지냈다.

그의 아버지 정희증鄭希曾은 과거에 급제하기 전까지는 무척 가난했던 듯하다. 그러나 대대로 그곳에 정착해서 살았던 까닭에 인근에 모르는 사람이 없었으며, 무던한 성격 탓에 평판 또한 좋았다. 정여립은 그의 둘째 아들로 태어났다. 그의 어머니가 그를 가졌을 때 그의 아버지 정희증은 꿈에서 고려의 반역자 정중부鄭仲夫(고려 의종 때 무신의 난을 일으킨 주인공)를 보았다고 한다. 아마 이것이 그가 역모의 주역으로 기록된 이유가 아닐까 싶다. 항간에는 그가 어린 시절 집에서 기르던 매를 잔혹하게 죽였다느니, 이를 고자질한 여종을 돌로 쳐서 죽였다느니 하는 기록들도 있는데, 이는 승자勝者, 즉 서인이 기록한 것으로 신빙성이 다소 떨어진다. 다만, 그의 부친 정희증이 익산현감으로 있을 당시 아전들이 정희증보다 그를 더 두려워했다는 기록을 보면, 그가 보통 인물은 아니었던 듯싶다. 그만큼 그는 강직한 성격을 지니고 있었고, 두뇌 역시 명석하여 《경사經史《경서》와 《사기》를 아울러 이르는 말》》와 《제자백가諸子百家(중국 춘추전국시대(BC 8세기~BC 3세기)에 활약한 학자와 학파의 총칭)》에 통달해, 누가 보더라도 장래가 촉망되는 인물이었다.

아니나다를까. 그는 스물넷에 문과에 당당히 급제하였다. 그리고 당대의 대학자로 알려진 율곡 이이를 찾아가 그의 문하가 된다. 이 만남은 그의 일생에서 가장 큰 인연이기도 했다.

율곡을 통해 우계 성혼成渾을 알게 된 그는 두 사람의 문하에 드나들면서 열심히 학문을 익혔고, 그 배움이 깊고 빨라 스승들의 총애를 받았다. 당시 율곡 문하에는 전국에서 내로라하는 인재들이 모두 모여들었는데, 율곡은 그중에서도 그를 가장 귀하게 여겨 요직에 천거하기도 하였다. 성혼과 박순朴淳 역시 그를 아끼기는 마찬가지였다.

그는 대과 급제 13년 후 예조좌랑에 올랐고, 이듬해 스승 율곡의 추천을 받아 홍문관 수찬에 올랐다. 홍문관은 경연을 주관하는 기관으로 조정의 핵심 부서였다. 또한, 수찬은 정6품에 불과하지만 하루에 한두 번씩 왕과 마주 앉아 국정을 논하는 매우 중요한 자리였다. 기록에 의하면, 그는 선조와 이야기를 할 때도 고개를 들고 눈을 똑바로 뜬 채 따지고드는 경우가 더러 있었다고 한다. 하지만 더 놀라운 일은 그 후에 일어났다.

스승 율곡이 갑자기 세상을 뜨자, 그는 돌연 정치적 태도를 바꿔 동인의 실력자인 이발李潑과 친해지기 시작하였다. 그리고 급기야 선조 18년에 있었던 경연에서 스승 율곡과 박순, 성혼 등의 서인 영수를 공개적으로 비난하기에 이른다. 율곡이 살아 있을 때는 "공자는 익은 감이요, 율곡은 덜 익은 감"이라며 율곡이 공자처럼 되는 것은 시간 문제라고 주장했던 그였다. 그러니 그의 갑작스러운 변모는 사람들의 이목을 끌기에 충분하였다. 이에 평소 그를 못마땅하게 여기던 선조는 그를 향해 이렇게 물었다.

"율곡이 살아 있을 때는 지극히 따르다가 그가 죽고 없는 지금에 와서는 어찌하여 그런 말을 하느냐?"

이에 그는 얼굴색 하나 변하지 않은 채 다음과 같이 대답하였다.

"신이 애초에는 그의 심사心思를 몰랐다가 나중에야 알고서 죽기 전에 이미 절교하였습니다."

그 후로도 그는 전날의 스승과 동료들을 향해 날 선 공격의 화살을 끊임없이 날렸다.

서인이 조정에서 쫓겨나고 동인이 세력을 잡자 그때까지 속해 있던 서인에서 벗어나 권력을 잡고자 했던 하나의 술책에 지나지 않았다.

－《선조수정실록》

하지만 율곡은 사전에 이를 충분히 예견했던 듯하다. 그는 죽기 석 달 전 여러 가지 이유를 들어 관직(이조판서) 사퇴 상소를 선조에게 올리면서 정여립에 대해 다음과 같이 말하였다고 한다.

"정여립은 박학하고 재주는 있으나, 그 주장이 과격하여 다듬어지지 못한 병폐가 있습니다."

그러자 평소 정여립이 못 미더웠던 선조는 율곡을 향해 다음과 같이 말하였다.

"그런 사람을 어찌 쓸 수 있겠는가? 사람을 쓸 때는 그 이름만 취할 것이 아니라 반드시 시험을 해봐야 알 수 있는 것을."

당시 조선에서 그의 정치적 태도 변화는 매우 심각한 일로 받아들여졌다. 군사부일체가 강조되던 유교 사회에서 스승을 배신하는 행위는 인륜을 어기는 강상죄로 간주하였기 때문이다.

아니나다를까. 한 달 후 의주목사 서익徐益이 상소를 올려 정여립을 다시 공격하였다. 서익은 율곡, 송강松江 정철鄭澈과 막역한 지우志友이기도 하였다. 그러니 엄밀한 의미에서 보면 기축옥사己丑獄事라는 재앙의 씨앗은 이때부터 싹을 틔우기 시작했다고 볼 수 있다. 그 뒤를 이어 율곡의 조카 이경진李景震 역시 정여립을 비난하는 상소를 올렸다. 그러자 평소 율곡을 높이 평가했던 선조는 정여립을 당대의 형서刑恕(송나라의 유명한 학자인 정이천의 제자로 스승을 배신한 간악한 인간의 표본)라며 비난하였다.

## 천하는 공물, 어찌 주인이 있으리

임금과 정적, 백성들의 싸늘한 눈초리에 실망한 정여립은 결국 낙향을 택한다. 이에 진안 죽도에 서실을 짓고 제자 양성에 힘썼다. 이때부터 그는 자신의 호를 죽도竹島라고 했으며, 제자들 역시 아무 거리낌 없이 그를 죽도 선생이라고 불렀다.

그사이 동인의 영수 이발 등은 그를 추천하여 다시 요직에 앉히려고 부단히 애를 썼다. 그 역시 황해도사로 가기 위해 여러 사람을 찾아다녔다. 그러나 선조는 그를 오만방자한 사람이라면서 끝내 그의 청을 들어주지 않았다.

여기서 주목할 점은 그가 황해도사로 가려고 했다는 것이다. 이는 그가 훗날 역모를 준비한 정황으로 의심받게 된 결정적인 이유가 되기도 했다. 자신의 세력을 황해도까지 확대하여 남쪽과 북쪽에서 동시에 서울을 협공하려는 전략이었다는 것이다.

황해도는 1559년에서 1562년까지 3년 동안 임꺽정의 난이 일어난 곳이었다. 그 때문에 그가 황해도사로 가려고 했던 사실 자체가 그에게는 매우 불리한 요인으로 작용하였다. 때마침, 그즈음 조선 전역은 도적이 들끓고, 군정이 문란해졌으며, 해마다 흉년이 들고 있었다. 게다가 남쪽 백성들을 북쪽으로 강제로 이주시킨다는 흉흉한 소문마저 떠돌아 어떤 변란이 일어날지 누구도 예측할 수 없는 상황이었다.

백성들은 항심恒心을 잃어버리고, 군사는 장부에만 기록되어 있으며, 안으로는 재정이 바닥났고, 밖으로는 변란이 잇따르고 있으며, 선비들의 공론은 분열되었고, 기강은 무너졌다.

－《선조수정실록》

이러한 상황에서 그는 부조리한 세상에 대항하기 위해 '대동계'라는 조직을 만들었다. 대동계는 사농공상士農工商과 남녀의 신분적 차별이 없는 조직이었다. 특히 홍문관에 있을 때부터 선조를 부도덕한 임금으로 생각했던 그는 조정의 여러 정책을 신랄하게 비판했는데, 사람들과 만날 때마다 이런 말을 자주 하곤 했다.

천하는 공물公物(공적인 용도로 사용하는 물건)인데 어찌 일정한 주인이 있겠는가? 요·순·우가 임금의 자리를 서로 전했는데 그들은 성인이 아닌가? 비록 왕촉王蠋이 말하기를 "충신은 두 임금을 섬기지 않는다."라고 했으나, 이는 죽을 때 일시적으로 한 말일 뿐 성현의 통론은 아니다. 유하혜柳下惠가 말하지 않았던가. "누구든 섬기면 임금이 아니겠는가."라고. 그는 성인 중에서도 화和한 자가 아닌가?

－《선조수정실록》

그래서인지 그는 사람을 사귐에 있어 신분을 가리지 않았다. 이에 당시 비천한 신분으로 여겨지던 천민, 승려, 노비들과도 뜻이 맞으면 아무 거리낌 없이 지냈다. 승려 의연義衍, 천민 지함두池涵斗, 변숭복, 박연령 등이 바로 그들이었다. 특히 변숭복과 박연령은 황해도 출신으로 그와 비슷한 점이 많았다. 당시 황해도는 여러 면에서 철저히 소외당하고 있었기 때문이다.

한편, 그가 대동계를 조직해서 세력을 키우고 있을 무렵, 황해도에서는 이러한 말이 떠돌았다고 한다.

"전라도 전주에서 성인이 일어나서 백성들을 구제할 것이다. 그때는 바다와 뭍으로부터 조례를 받는 것, 친지와 이웃을 흩어 놓는 것, 도망자를 색출하는 것 등 모든 것을 없앨 것이다. 더불어 관노와 사노, 서얼의 벼슬길을 막는 법까지 모두 개혁하여 이로부터 나라가 태평하고 무사할 것이다."

### 가려진 진실, 송강 정철과 기축옥사

조선 중기의 무인이자 의병장인 조경남趙慶男은 정여립에 대해서 다음과 같이 이야기한 바 있다.

명망이 일찍부터 드러나 세상을 뒤덮었다. 조정에서 물러나 집에 있으면서 자중해 벼슬을 사양하고 받지 않았으며 나라에서 불러도 절대 나가지 않았다. 선비들 사이에서는 달려가 한번이라도 그를 만나 보는 것을 행운으로까지 생각하였다.

－《난중잡록亂中雜錄》

그에 대한 이런 평가는 신분이 비천한 사람들뿐만 아니라 당대 지식인들을 그의 주변으로 모여들게 하는 큰 힘이 되었다.

그러던 중 1587년 왜군이 손죽도에 쳐들어오는 정해왜변丁亥倭變이 일어났다. 이때 전주부윤으로 있던 남언경南彦經은 정여립을 직접 찾아가 도움을 청하였는데, 그는 조금도 주저하지 않고 대동계를 동원해 왜군을 단숨에 무찔렀다.

1587년 왜변에 여러 읍에서 순사를 징발하였는데 전주부윤 남언경이 똑똑하지 못하여 조치할 바를 알지 못했다. 이에 정여립에게 청하여 군대를 나누게 했더니 그가 사양하지 않았다. 정여립이 한번 호령하자 군병이 모였는데 부서를 나누어 징발하는 데 하루가 채 걸리지 않았다. 정여립은 대동계원 중에서도 가장 믿을 수 있는 무사들을 장군으로 삼았다. 적이 물러가고, 군사를 해산할 때가 되자 정여립이 그들에게 말하기를 "훗날 변고가 있으면 너희들은 각각 부하들을 거느리고 한꺼번에 와서 기다려라." 라고 하고 군사들의 이름을 적은 군부軍簿 한 벌을 가지고 돌아갔다.

– 《연려실기술》

그 후 그는 불만에 가득 차 있던 사람들과 소외된 지역의 사람들을 행동대원으로 끌어들였다. 하지만 한 사람이 지레 겁을 먹고 고변을 하는 바람에 모든 일이 수포로 돌아가고 말았다. 이에 기축옥사를 서인의 모사로 규정하면서 이이, 정철 등과 가까운 사이였던 송익필宋翼弼 형제의 모략으로 보는 견해도 있다. 하지만 그 진실이 무엇이든 간에 기축옥사의 결과는 참혹하기 그지없었다.

역적과 친분이 두터운 자만 죽임을 당하는 것이 아니었다. 누구는 누구의 일족이요, 아무개는 아무개의 친구라고 하여 비록 정여립의 얼굴도 알지 못하는 자라고 해도 동인으로 낙인 찍히면 지위고하를 막론하고 의심을 하여 그 상황을 차마 보고 들을 수 없었다.

－《연려실기술》

당시 겨우 살아남은 그의 아들 정옥남과 박춘룡, 박연령, 이기 등은 서울로 압송되어 모진 고문 끝에 역모를 자백한 후 참형을 당하였다. 또한, 그의 시체는 의금부 앞에서 능지처참 되었다. 그러나 이들이 모두 죽고 나서도 조정에서는 한동안 역모에 대한 논란이 끊이지 않았다. 그러던 중 낙향해 있던 정철은 입궐하여 선조를 만난 후 속히 역적들을 잡아들임과 동시에 도성에 계엄령을 선포하라는 상소문을 올린다. 실로 신속한 움직임이었다. 그런데 여기에 풀리지 않는 의문이 하나 있다.

기축년 10월, 공은 고향에서 장남의 상을 치르고 있는데 역모 사건이 일어났다. 공이 나를 불러 이른 아침에 가서 뵈니, 공은 정여립이 분명 도망갔을 것이라고 말했다.

－《송강행록松江行錄》

정철은 제자 김장생金長生에게 입궐할 뜻을 밝히고 그의 의견을 물었다고 한다. 이에 김장생은 소명이 있으면 모르되, 이러한 시기에 입궐하는 것은 오히려 논란과 오해를 일으킬 소지가 있다며 극구 반대하였다고 한다. 하지만 정철은 입궐을 고집했다. 이에 김장생은 다시 이렇게 말하였다고 전한다.

"지금 임금을 만나면 반드시 옥사를 책임지는 추관推官(의금부의 특지에 의하여 중죄인을 신문하는 관원)을 맡게 될 것이고, 공신이 될 것입니다. 하지만 이발과 백유양白惟讓이 죽는 것을 공의 힘으로 어떻게 막을 수 있겠습니까? 더욱이 지금 같은 시기에는 억울하게 걸려든 자가 없을 수 없는 데 공께서 일일이 다 구할 수 있겠습니까?"

그러나 정철은 끝내 그의 말을 듣지 않고 서울로 올라갔다.《송강행록》에 의하면, 당시 정철은 정여립이 도망갔을 것이라고 미리 확신하고 있었다. 그리고 역모의 사실 여부가 가려지기도 전에 옥사를 처리하기 위해 선조를 만나려고 했다. 정철과 송익필이 변숭복을 시켜 정여립을 죽도로 유인한 후 암살했다는 주장이 제기되고 있는 데는 이런 배경이 숨어 있다.

### 대동세상, 다같이 잘 사는 나라를 꿈꾸다

안타깝게도 정여립의 도주와 자결은 그의 역모를 기정사실화로 만들고 말았다. 그리고 서울을 중심으로 황해도, 전라도, 경상도 선비 중 정여립과 인척 관계이거나 조금이라도 친분이 있으면 어김없이 잡혀 와서 처벌을 받았다.

1589년 11월 12일, 정언신, 이발, 백유양 등에 대한 선조의 친국親鞠(임금이 직접 중죄를 지은 자에게 일일이 따져 묻는 일)이 시작되었다. 당시 동인의 중심인물이었던 이발은 정여립과 동향이었고, 우의정 정언신은 그와 9촌 지간이었다. 이들 외에도 헤아릴 수 없이 많은 사람이 붙잡혀 와 억울한 누명을 쓴 채 희생되었다. 서산대사 휴정休靜은 묘향산에 있던 중 붙잡혀 와 선조에게 친히 국문을 받은 후 풀려났고, 사명당 유정惟政 역시 오대산에서 강릉 관아로 끌려와 조사를 받고 겨우 풀려났을 정도였으니, 그 여파가 얼마나 컸는지 능히 짐작할만하다.

그래도 분이 덜 풀렸는지 선조는 구언求言, 즉 좋은 의견을 구한다는 명목 아래 역모 연루자들을 일러바치면 포상을 내리겠다는 명을 내렸다. 그러자 무고한 선비들이 다시 무수하게 잡혀 들어갔고, 죽임을 당하거나 유배, 좌천을 당하는 선비의 수가 무려 1천여 명에 이르렀다. 이렇듯 정여립에 대한 선조의 경계심은 상상을 초월할 정도였다.

전주는 조상 임금들의 본향이니, 그곳에 있는 정여립 조상의 묘를 파게 하라. 그리고 전주에 사는 그의 친척들을 모두 쫓아내어 다른 고을에 가서 살게 하라.

－《선조수정실록》

이로 인해 제왕의 기운이 서려 있다고 전해지던 정여립 조상의 묘는 일거에 파헤쳐졌고, 백골은 다시 가루가 되어 휘날려졌다. 또 전주천 상류에 있던 그의 집터는 파헤친 후 숯불로 지져 그 맥을 끊었다.

서인들은 정여립의 역모 사건이 일어난 것을 알고 난 후부터 갓을 털고 나서며 서로 축하했다. 동인들은 스스로 벼슬에서 물러났고, 서인들은 그 자리에 앉아 사사로운 원한을 푸는 데 거리끼는 바가 없었다.

- 《괘일록》

역사는 승자의 기록이다. 그러다 보니 패자는 반역자나 모반자로 낙인찍혀 역사의 비주류로 폄하되기 일쑤다.

기축옥사는 동인에게는 엄청난 불행이자 시련이었다. 하지만 정철과 송익필 등 서인에게는 다시없는 행운이자 기회였다.

조선왕조의 근본 사상인 충군 이데올로기를 부정한 급진 개혁주의자 정여립. 16세기 후반 조선 사회를 비판하고 대동사회와 개혁을 주창했던 그는 기축옥사로 인해 무려 4백여 년 동안 역적으로 기록되어야만 했다. 그러나 아직도 그의 역모 사건이 진실인지 거짓인지는 명확히 밝혀지지 않았다. 다만, 그의 역모 의지가 얼마간 있었을지언정, 기축옥사 자체는 정철과 송익필에 의해 확대, 조작된 것이라는 주장이 정설로 받아들여지고 있다.

# 기축옥사, 조선의 진보세력을 몰락시키다

## 호남 선비의 씨를 말리다

추관을 맡은 정철, 막후에서 계교計巧를 짜내 사건을 확대한 송익필, 그리고 율곡 이이 사후 실권을 잡은 동인 세력을 제거하려던 서인의 정략이 맞아떨어지면서 일어난 것이 기축옥사였다는 데는 이론異論의 여지가 없다.

기축옥사 당시 죽은 사람은 최소한 1천여 명에 달하는 것으로 추정되고 있다. 당시 조선 인구가 5백여 만 명이었음을 고려하면 실로 엄청난 숫자임이 분명하다. 그만큼 기축옥사가 조선의 역사에서 차지하는 비중은 크다. 특히 기축옥사를 주도했던 정철이 호남에 인연을 두었던 탓에 정여립 사건 이후 호남 지식인들의 분열은 오랫동안 지속되었다. 이에 한 선비는 "앞으로 호남에 다시 인재가 나려면 적어도 4백 년은 지나야 한다." 라고 말하기도 하였다.

실제로 기축옥사가 있기 전까지 생원, 진사시에 합격한 사람의 숫자를 살펴보면 서울에 이어 전주가 2위, 나주가 4위, 광주가 6위, 남원이 7위를 차지

할 만큼 호남 선비들의 실력이 뛰어났다. 그러나 기축옥사 이후 상황이 확연히 달라져 남원이 9위, 전주가 10위, 나주가 11위, 광주가 12위로 그 실력이 크게 떨어지고 말았다.

관직 진출에도 급격한 변화가 있었다. 조선 전기에는 호남 출신의 문과 급제자 260명 중 2명을 제외한 사람들이 모두 관직에 나갔지만, 후기로 넘어오면서 급제자 323명 중 28명이 관직에 나가지 못했고, 당상관에 오른 사람의 비율 역시 절반 이하로 크게 떨어졌다. 이는 수많은 선비가 화를 입은 나머지 학문적 분위기가 크게 위축된 것이 가장 큰 이유였고, 무능한 임금과 왕실을 원망한 많은 선비가 과거를 포기했기 때문이었다.

사실 기축옥사 이후 호남 사림은 과거에 응시하기조차 쉽지 않았다. 신분 보증서 같은 보단자保單子와 경재소京在所 관원 3인의 추천서를 받아야 했기 때문이다. 이에 《택리지擇里志》를 쓴 이중환李重煥은 "조선 중기 이후 큰 벼슬을 지낸 사람이 드물어 인재를 능히 배양하지 못했으므로 인물이 적다." 라고 평한 바 있다.

다산 정약용丁若鏞 역시 비슷한 이야기를 하였다.

"오직 고경명高敬命의 자손, 기대승奇大升의 자손, 윤선도尹善道의 자손 등 서너 집 외에는 크게 나타난 자가 없다."

사실 우리 역사에서 기축옥사만큼 첨예한 논란에 휩싸여 있는 사건을 찾기도 힘들다. 특히 사건의 주인공인 정여립의 삶 자체가 짙은 안개 속에 가려져 있다. 그러다 보니 그가 태어난 전주와 서실이 있던 진안 죽도, 그리고 대동계를 조직하여 혁명의 꿈을 키웠던 원평 일대에 전해오는 이야기 속

에서 진실의 조각을 찾아내야 하는 경우가 많다. 만약 이런 천착穿鑿의 과정
이 없다면 기축옥사의 본질에 접근하는 것은 영원히 불가능할지도 모른다.

### 반제국, 반봉건의 이상과 한으로부터의 자유를 꿈꾼 혁명가

정여립은 조선왕조의 근본이념인 불사이군不事二君의 절의론節義論을 부
정하면서 혁명을 꿈꾸었다. 그리고 이러한 그의 이단성과 혁명성은 '조선조
의 광주사태'라 일컬어지는 기축옥사로 이어졌다. 역사를 "아와 비아의 투
쟁"이라고 규정했던 단재 신채호申采浩는 《조선상고사朝鮮上古史》 총론에서
정여립을 "4백여 년 전에 군신강상설君臣綱常說을 타파하려 한 동양의 위인"
이라고 평가하면서 정여립 역모 사건을 역사의 수면 위로 다시 부상시켰다.

사실 오늘날의 관점에서 기축옥사가 계획된 역모였는지, 정쟁 때문에 일
어난 무고한 사건인지 그 시비를 가리는 것은 매우 어려운 일이다. 정말 무고
한 옥사였다면 이이첨李爾瞻과 정인홍鄭仁弘 등 북인이 정권을 잡았던 광해
군대에 어떤 형태로든 정여립의 신원이 복원되었을 가능성이 높다. 북인은
동인에서 갈라져 나온 분파이고, 정여립과 이이첨, 정인홍은 본래 같은 계열
의 인물이기 때문이다. 실제로 기축옥사의 최대 피해자인 이발, 정개청鄭介
淸, 최영경崔永慶 등은 집권파가 바뀌면서 벼슬이 추증되거나 사액 서원이 세
워지기도 하였다. 그러나 정여립만은 조선왕조가 멸망하는 그 순간까지도
역적이란 오명에서 벗어나지 못하였다.

모든 기록을 종합해볼 때 기축옥사는 절반은 정여립의 역모 의지에서 비

롯되었고, 나머지 절반은 날조된 무옥誣獄(아무런 죄 없는 사람을 관가에 무고하여 일으킨 옥사)이 아닐까 싶다. 그런데 여기서 주목할 점이 하나 있다. 기축옥사가 아니었다면 3년 후 일어났던 임진왜란이 발발하지 않았을지도 모른다는 것이다.

일찍이 동서분당을 예견했던 이준경李浚慶은 정여립과 9촌 지간이라는 이유로 희생당한 정언신을 두고 "나를 대신할 사람은 오직 정언신밖에 없다." 라며 그를 칭찬한 바 있다. 정언신은 여진족 이탕개尼湯介가 난리를 일으키자 임진왜란 때 맹활약했던 신립과 이순신李舜臣, 이억기李億祺 등을 거느리고 여진족을 평정한 바 있다. 이에 임진왜란 당시 병조판서였던 황정욱黃廷彧은 서울을 떠나기 전 남대문에 올라가 "정언신이 살아 있었다면 왜적에게 이토록 허망하게 국토를 짓밟히지는 않았을 것"이라며 그의 죽음을 두고두고 안타까워했다. 그뿐만 아니라 많은 사람이 임진왜란을 정언신을 비롯한 수많은 인재를 희생시킨 죄과라며 수군거렸다.

그렇다면 정여립이 꿈꿨던 대동세상이란 과연 무엇일까.

대동에서 동同은 한 장막 안에서 음식을 나누어 먹는 것으로《예기禮記》에 실린 설명은 다음과 같다.

큰 도가 행해지니 천하가 만민의 것이 되고, 어질고 유능한 사람이 지도자로 선출된다. 이로써 모두가 신의를 중히 여기고 화목한 사회가 된다. 그러므로 자기 부모와 자기 자식만을 사랑하지 않고 모두가 한 가족처럼 사랑한다. 늙은이는 수명을 다하고, 젊은이는 재능을 다하며, 어린이는 무럭무럭 자라고, 홀아비와 과부, 고아와 자식 없는 늙은이, 병자들은 모두 편히 부양받는다. 또한, 남자는 모두 직분이 있고, 여자들은 모두 시집을 갈 수 있다. 재물을 땅에 버리는 낭비를 싫어하지만, 결코 자신만을 위해 소유하지 않으며, 노동하지 않는 것을 부끄러워하지만, 반드시 자신만을 위하지는 않는다. 이처럼 풍습이 순화되어 간사한 모의가 통하지 않으니 변란이 일어나지 않고, 도둑질과 약탈이 없으니 대문을 닫지 않고 산다. 이것을 일러 '대동'이라 말한다.

어느 나라, 어느 시대에나 불평등과 한恨은 존재한다. 그런 의미에서 대동은 반제국, 반봉건의 이상적 상태이자 한과 비애로부터의 자유라고 할 수 있다. 하지만 대동사상은 인류 역사상 어떤 이념에도 뒤지지 않음에도 오랫동안 위험한 반체제 사상으로 남아 있었다. 정여립의 선구적인 대동사상과 천하공물론 역시 미처 꽃을 피우기도 전에 사라지고 말았다.

### 여전히 풀리지 않는 의문

이황, 이이, 기대승, 정철, 송익필, 이산해, 류성룡柳成龍, 이항복李恒福, 이덕형, 허균, 이발, 정개청鄭介淸, 김우옹, 정구 등 헤일 수 없이 많은 천재가 밤하늘에 별처럼 빛나던 시대가 16세기 조선이었다. 만일 선조가 세종이나 성종, 정조처럼 인재를 적재적소에 쓸 줄 알았던 현군이었다면 아마 조선은 새로운 전기를 맞았을 것이다. 임진왜란 역시 어쩌면 발발하지 않았을지도 모른다. 하지만 선조는 동인과 서인 세력을 교묘하게 이용하여 자신의 권력을 확립하는 데만 관심이 있었을 뿐, 백성들의 삶을 향상시키는 데는 무심하였다. 그런 점에서 볼 때 기축옥사는 당쟁의 형세를 돌이킬 수 없는 극한 상황으로 몰고 간 첫 번째 역옥逆獄이자, 혁명 사상의 좌절이었으며, 진보 세력의 몰락을 불러온 큰 변수였다고 할 수 있다. 그 때문에 그 이전에 일어났던 사화와는 달리 논쟁의 불씨가 계속해서 남아 있을 수밖에 없었다. 그리고 그 연장선상에서 임진왜란壬辰倭亂이 일어났다.

당쟁이 새로운 정치 질서로 자리를 잡아가던 시대에 대동사상으로 세상을 바꾸려고 했던 정여립. 비록 그의 꿈은 혁명의 실패와 함께 물거품이 되고 말았지만, 그 의지만큼은 훗날 허균과 정약용, 그리고 동학농민혁명으로 이어져 우리 민족의 큰 사상적 물줄기를 이루었다.

## ● 정여립 연보 ●

- 1546년(명종 1년) 첨정을 지낸 희증의 둘째 아들로 태어남

- 25세 _ 1570년(선조 3년) 식년문과 을과에 급제, 관직 진출. 율곡 이이와 우계 성혼의 문

  하에 들어감

- 38세 _ 1583년(선조 16년) 예조좌랑을 거쳐 수찬이 됨

- 40세 _ 1585년(선조 18년) 스승 율곡을 배반, 왕이 불쾌하게 여기자 사직 후 낙향

- 42세 _ 1587년(선조 20년) 전주부윤 남언경의 요청으로 대동계를 이끌고 손죽도에 침

  입한 왜구를 물리침

- 44세 _ 1589년(선조 22년) 기축옥사 발발. 황해도 관찰사 한준과 안악군수 이축, 재령

  군수 박충간 등이 연명하여 그가 반란을 일으켰다고 고발, 죽도에서 죽임을 당함

正義

**조선 사회의 절대 권위에 도전했던 이단아, 허균**

# 세상 사람 모두가 잠들어도
# 홀로 깨어 있으리

"한 사람의 재주와 능력은 하늘이 주는 것이다.
귀한 집 자식이라고 해서 재능을 많이 주는 것도 아니며,
천한 집 자식이라고 해서 적게 주는 것도 아니다."

> "하늘이 낸 괴물天生一怪物이다. ··· (중략) ··· 어느 시대나 난신 적
> 자亂臣賊子(나라를 어지럽히는 불충한 무리)가 있었지만, 이토록 심하게
> 나라를 교란시키고 발호한 역적은 지금까지 없었다. 이미 스스로 지은 죄
> 이니 형벌을 어찌 피할 수 있을까. 먼저 관작을 삭탈하고 엄히 국문하여 실
> 정을 알아내고, 빨리 상형常刑(형벌)을 보여 귀신과 사람의 분노를 시원하게
> 하소서."

-《광해군일기》 광해 10년, 1618년 8월 22일

이 전례 없는 악평의 주인공은 교산蛟山 허균許筠이다. 조선왕조 5백 년을 통
틀어 그처럼 비난을 받는 인물은 없다. 그는 어쩌다가 이런 엄청난 비난의 대상
이 되었을까.

허균. 그는 1569년(선조 2년) 강원도 명주溟州(지금의 강릉)에서 태어났다. 사천

해수욕장이 아스라하게 펼쳐진 그곳에는 작은 산이 하나 있는데, 바로 교산蛟山이다. 교산은 용이 되지 못한 이무기가 구불구불 기어가는 듯한 형세를 이루고 있다고 해서 붙여진 이름으로, 고향을 지극히 사랑했던 그는 자신의 호를 이곳에서 따왔다.

한편, 교산 자락에는 애일당愛日堂이라는 정자가 있는데, 이 집을 지은 사람은 중종 때 예조참판을 지낸 김광철金光轍로 허균의 외할아버지가 된다. 허균은 《애일당기愛日堂記》를 통해 이 집에 얽힌 사연을 다음과 같이 전하고 있다.

전해오는 이야기에 의하면, 명당인 애일당에서 외손을 회임하면 교산의 정기를 빼앗긴다는 속설이 있어 김광철은 사위와 딸이 애일당에서 동침하지 못하도록 늘 감시를 하였다고 한다. 그러던 어느 날 동생 집에 혼사가 있어 김광철이 집을 비운 사이 사위 허엽許曄과 딸이 일을 저지르고 말았다. 그 때부터 교룡蛟龍의 정기가 강릉 김 씨에서 양천 허 씨에게 넘어갔으며, 그렇게 해서 태어난 아들이 허봉許篈(허균의 둘째 형)이었다고 한다.

허균은 허엽의 3남 2녀 중 막내로 태어났다. 그의 집안은 대대로 문벌로 이름이 높았다. 아버지 허엽은 동인의 영수였고, 두 형 역시 뛰어난 글재주로 동인의 중진 역할을 하며 조정의 요직을 두루 거쳤다.

그의 5남매 중 위로 큰누이와 큰형 허성許筬은 전처의 소생이었고, 둘째 형 허봉과 허난설헌, 그리고 허균은 후처의 소생이었다. 그러나 형제들 사이의 우애는 한 어머니에서 난 형제들과 조금도 다르지 않았다. 큰형 허성은 도학에 뛰어난 군자로서 형제들을 이끌었으며, 둘째 형 허봉과 누이 허난설헌許蘭雪軒은 문학적 감수성이 뛰어난 문재文材들로 동생 허균에게 큰 영향을 미쳤다.

열두 살에 아버지를 여읜 허균은 큰 형 허성을 아버지처럼 어려워하고 공경하였다. 허성은 1512년 64세로 세상을 떠날 때까지 조정의 핵심 관직을 지내며 임금들로부터 두터운 신임을 받았다. 그러다 보니 어린 동생들을 돌볼 시간이 없었지만, 아버지 같은 그의 가르침은 동생들에게 감동을 주기에 충분하였다. 반면, 둘째 형 허봉과 작은 누이 허난설헌은 그 재능과 성격이 허균과 매우 비슷하였다. 특히 누이 허난설헌과는 깊은 교감을 나눌 만큼 매우 친밀하였다.

## 스승과 글 벗들의 한, 차별 없는 세상을 꿈꾸다

그는 고향 강릉에서 어린 시절을 보낸 후 서울 마른내乾川洞(지금의 종로구 인현동)로 옮겨 살았다. 다섯 살 무렵부터 형제들의 어깨너머로 글을 배우기 시작한 그는 아홉 살 때 처음으로 시를 지었으며, 이후《통감通鑑》과《논어論語》를 읽었다. 또《경서》를 접한 지 한 해가 채 가기도 전에 문리文理를 깨우쳤다.

그와 동시대를 살았던 어우당於于堂 유몽인柳夢寅은 그가 어린 시절에 보였던 재능에 대해서 이렇게 말한 바 있다.

허균은 총명하고 영특하여 아홉 살에 시를 지었는데, 그것이 매우 뛰어나 장차 큰 문장가가 되겠다며 여러 어른의 칭찬이 자자하였다. 그런데 그의 매형 우성전禹性傳만은 그의 시를 보고는 "비록 문장가가 되겠지만 허 씨 집안을 뒤엎을 사람 역시 이 아이일 것이다." 라고 말하였다.

- 《어우야담》

이후 허균은 류성룡 문하에서 학문을 익히는 한편 작은 형 허봉의 친구였던 손곡蓀谷 이달李達로부터 시와 세상을 배운다. 이달은 허균의 전 생애에 걸쳐 절대적인 영향을 미친 인물로 최경창崔慶昌, 백광훈白光勳과 함께 3당 시인三唐詩人으로 일컬어질 만큼 문장이 뛰어났다. 하지만 그 재능이 매우 뛰어났음에도 서얼이라는 이유로 출사할 수 없었다. 이에 술과 산수 유람으로 허송세월하였다. 허균 역시 이 사실을 알고 매우 가슴 아파하였다. 생각건대, 이때부터 허균은 세상을 달리 보기 시작했으리라.

그래서일까. 그는 평생에 걸쳐 신분을 가리지 않고 불우한 운명을 타고난 사람들과 친밀하게 사귀며 그들의 삶에 적극적으로 동참하게 된다. 그런 만큼 깊은 영향을 주고받은 사람들이 많았다. 서얼 출신으로 그의 처삼촌이기도 했던 심우영沈友英, 문장가로 이름을 날린 글 벗 권필權韠, 이안눌李安訥, 조위한趙緯韓, 정응운鄭應運, 그리고 죽마고우였던 이재영李再榮 등이 대표적이다.

## 뛰어난 재능, 그러나 불행 속에서 살다간 그의 형제들

1585년 열일곱 살 되던 해 의금부도사를 지낸 김대섭金大涉의 둘째 딸과 결혼한 그는 다음 해 유랑 중이던 둘째 형 허봉을 만나기 위해 백운산을 찾았지만, 안타깝게도 허봉은 이미 이 세상 사람이 아니었다.

허봉은 나이 열여덟에 과거에 급제하여 서른셋에 창원부사를 지냈을 만큼 전도양양한 선비였다. 강직한 성품 탓에 옳다고 생각하는 일에 대해서는 임금 앞에서도 굴하지 않고 직언을 했을 정도였다. 문장에도 탁월해 당시 명사名士였던 박순, 이산해, 고경명高敬命, 최경창, 임제林悌, 이달, 사명대사 등과 가까이 사귀었다. 하지만 그의 삶은 불행하기 그지없었다. 동서 분당이 시작되던 시기, 그는 김효원金孝元과 함께 선봉이 되어 서인에 맞섰고, 율곡 이이의 과실에 대해 임금에게 상소했다가 오히려 함경도 종성에 유배되는 아픔을 당하기도 하였다. 비록 이듬해 유배에서 풀려나긴 했지만, 이미 심신이 지쳐 있던 그는 벼슬에 뜻을 버리고 전국을 방랑하다가 서른여덟이라는 나이에 병사하고 말았다.

누이 허난설헌의 죽음 역시 그에게는 감당하기 어려운 일이었다. 허난설헌은 조선을 대표하는 여류시인으로 여덟 살 무렵 〈광한전백옥구상량문廣寒殿白玉樓上樑文〉을 지어 사람들을 깜짝 놀라게 했을 만큼 글재주가 출중했다. 그러나 결혼이 그녀의 발목을 붙잡고 말았다. 열다섯에 김성립金誠立과 결혼한 그녀는 부부관계가 그리 원만치만은 않았다. 더욱이 애지중지하던 남매마저 잃고 말았고, 설상가상으로 배 속의 아이까지 잃는 아픔을 겪어야만 했다. 그녀가 남긴 시 〈곡자哭子(자식을 통곡하다)〉에는 당시 그녀의 심경이 고스란히 담겨 있다.


　　지난해 귀여운 딸아이를 여의고

　　올해는 사랑하는 아들을 잃었네

슬프고, 슬픈 광릉 땅이여!

두 무덤 나란히 마주하고 있구나

사시나무엔 쓸쓸한 바람 불고

도깨비불은 숲속에서 반짝이는데

종이돈을 불살라 너희 넋을 부르노라

너희들 무덤에 술잔을 붓노라

아, 너희들 남매 가엾은 외로운 혼은

생전처럼 밤마다 놀고 있으리

이제 또다시 아기를 가진다 해도

어찌 무사히 키울 수 있으랴

하염없이 슬픈 노래를 부르며

통곡과 피눈물을 뿌리며 삼키리.


去年喪愛女

今年喪愛子

哀哀廣陵土

雙墳相對起

蕭蕭白楊風

鬼火明松楸

紙錢招汝魂

玄酒奠汝丘

應知弟兄魂

夜夜相追遊

縱有腹中孩

安可冀長成

浪吟黃臺詞

血泣悲呑聲

**-《난설헌집》**

특히 스승이나 다름없던 오빠 허봉의 죽음은 그녀에게 세상을 다 잃은 듯한 슬픔을 안겨주었다. 연이은 비극에 삶의 의욕을 잃은 그녀는 책을 벗하며 아픈 심사를 달랬지만, 결국 스물일곱이라는 젊은 나이에 지난至難한 삶을 마치고 말았다.

## 뜻대로 되지 않는 세상, 수많은 문제를 일으키다

허균의 형제 중 온전한 사람은 큰형 허성뿐이었다. 당시 허성은 탄탄대로의 벼슬길을 걷고 있었다. 그는 1590년 황윤길黃允吉, 김성일金誠一과 함께 서장관書狀官(외국에 보내는 사신을 따라 보내던 임시 벼슬인 기록관)으로 일본에 다녀왔다. 그때 서인 황윤길은 일본이 곧 침략할 것이라고 보고했지만, 그와 같은 동인이었던 김성일은 침략의 조짐이 전혀 없다고 보고하였다. 국가의 안위가 걸린 중대 사안마저 당리당략에 따라 보고한 것이다. 그 결과, 조선은 2년 후 임진왜란이라는 큰 화를 맞고 말았다.

임진왜란이 일어나자 허균은 어머니를 모시고 하루 칠십 리를 걸어 함경도 단천으로 피난을 떠났다. 그리고 그해 7월 그곳에서 첫아들을 낳았다. 하지만 부인 김 씨가 산후조리를 제대로 하지 못하여 스물둘의 젊은 나이로 세상을 떠나고 말았고, 얼마 후 아들마저 죽고 말았다. 이에 허균은 소를 팔아 관을 마련하고 옷을 찢어 염을 하였는데 부인의 몸이 여전히 따뜻해서 차마 묻을 수가 없었다고 한다.

그해 가을에 강릉으로 거처를 옮긴 그는 애일당에 머물면서 '학산초담鶴山樵談'을 지었다. 그러나 얼마 후 당시 세자였던 광해군의 스승이 되어 다시 서울로 올라왔다. 그즈음, 한 사관은 그에 대해서 이렇게 평한 바 있다.

타고난 천품이 총명하고 폭넓게 책을 보아 사장詞章(문장의 통칭. 그러나 후에 시문·잡문 등만을 가리키는 말로 변함)에 능하였으나 인품이 경망하여 볼 것이 없다.

또한, 그는 군자를 자처하며 점잔이나 빼던 당시 유생들과는 그 기질이 전혀 달랐다. 이에 임지에 도착하자마자 별실을 만들어 서울의 기생들을 불러서 머물게 할 만큼 파격을 보이기도 하였다. 그러나 조정에서 이를 가만히 두고 볼 리 없었다. 사헌부에서는 즉시 상소를 올려 그를 파면할 것을 요청하였다.

황해도사 허균은 서울의 기생들을 끌어모아 따로 집을 만들어 머물게 하고 있습니다. 그뿐만 아니라 무뢰배의 첩들이 드나들며 부질없는 청탁을 하여 정사를 어지럽히니, 백성 가운데 이를 비웃지 않는 자가 없습니다. 하오니, 그를 즉시 파면시키기를 청하옵니다.

**-《선조실록》120권, 선조 32년 12월 19일 갑오**

또한, 그는 문장에 능한 무옥巫玉이라는 첩을 두고 있었을 뿐만 아니라 기생 계생桂生(이매창의 기명)과도 가깝게 지냈다.

남녀 사이의 정욕은 인간의 본능이요, 예법에 따르는 것은 성인의 가르침이다. 나는 본능을 따를지언정 감히 성인을 따르지는 않으리라.

**-《성소부부고》**

이는 남녀의 구별이 엄격하던 유교 사회의 윤리를 뒤엎는 대담무쌍한 발언이었다. 이렇듯 습속에 얽매이지 않는 그의 자유 의지는 남녀관계에도 그대로 투영되었다. 하지만 이런 솔직함과 대담함은 체면을 중시하던 당시 조선 사회에서는 도저히 받아들여지기 힘든 것이었다.

1607년 그는 종사관으로 활약한 공로를 인정받아 삼척부사에 임명되자 염주를 목에 걸고 불단을 만들어 아침저녁으로 부처에게 예를 올렸다. 도道라고는 유교밖에 모르던 조정 관료들은 이 소식을 듣고 대경실색하였다. 당연히 사헌부에서는 다시 상소를 올려 그를 파면하기를 청하였다. 그러나 그의 재능을 아낀 선조는 다음과 같이 반문했다고 한다.

"예로부터 문장을 하는 선비가 불경을 공부하는 일이 있지 않았던가?"

이에 사헌부 언관들은 그의 행위가 도를 넘었음을 지적하였다.

"허균은 글 잘하는 선비로서 불경을 좋아하는 부류 정도가 아닙니다. 그의 처사는 세상에서 일찍이 보지 못하던 바입니다. 그의 아버지로 말하면 유학에 전심하여 유교를 지켰고, 이단을 배척하여 선비들의 우두머리가 되었는데 정성껏 기른 아들이 이럴 줄은 꿈에도 몰랐을 것입니다. 선비라면 누구나 문장을 좋아하고 견문을 넓히고자 합니다. 하지만 허균이 불경을 외는 것은 그러한 이유가 아닙니다. 그자는 중의 옷을 입고 염주를 걸치고는 밥을 먹을 때도 불경을 외우는 자입니다. 심지어 불단까지 만들어 놓고 스스로 불제자라 칭하고도 아무런 부끄러움이 없습니다."

사실 허균은 불자 이상으로 불교를 신봉하였다. 유교가 정치와 인륜에 필요한 것이라면 불교는 마음을 다스리는 데 필요하다고 생각하였기 때문이다. 그러나 이는 맹목적으로 불교를 배척하고 이단시하던 당시 사대부들의 생각과는 판이한 것이었다. 이에 허균을 파면시키라는 상소를 연이어 올렸고, 선조 역시 결국 그 요구를 들어줄 수밖에 없었다.

그해 5월, 그는 담담한 마음으로 파면장을 받았다. 하지만 그의 가족들은 참담하기 그지없었다. 그는 낙심한 아내를 위로한 후 자신의 심경을 한 수의 시 〈벼슬을 빼앗겼다는 소리를 듣고 聞罷官作〉에 담았다.

예교는 너무나 구속적인 것

세상사 모든 것을 이 마음에 맡기리

그대는 모름지기 그대의 법을 따를 것이요

나는 스스로 나의 삶을 살아가리라.


禮教寧拘放

浮沈只任情

君須用君法

吳自達吳生

**-《성소부부고》**

이렇듯 수많은 문제를 일으켰음에도 그가 관료생활을 계속 이어갈 수 있었던 이유는 그의 뛰어난 재능을 아끼던 선조와 조정의 중신이었던 큰형 허성 때문이었다. 특히 그의 형 허성은 그가 사건을 일으킬 때마다 편지를 써서 간곡히 훈계하곤 하였다.


너의 뜻을 모르는 바 아니지만, 세상일이란 모두 뜻대로 되는 법이 아니다. 너의 재능을 어찌 초야에서 썩힐 수 있겠느냐. 너를 사랑하시는 전하와 우리 가문을 위해서라도 모든 것을 꾹 참고 행동을 신중히 해야 하지 않겠느냐.


그는 번번이 벼슬자리에서 물러나면서도 전혀 아쉬워하지 않았다. 하지만 어려서부터 아버지처럼 따라온 큰형에 대해서만은 미안한 마음을 금할 수 없었다. 이에 자신과 뜻대로 되지 않는 세상에 대해 다음과 같은 글을 남겼다.

> 나는 처세에 졸렬하고, 가계를 다스릴 줄 몰라. 지금 반생 동안 기복이 여러 번 있었다. 다만, 독서를 좋아하여 방을 깨끗이 쓸고 많은 책을 시렁에 채워놓고 그 가운데서 즐겼다. 몇 번 갇히고, 몇 번 쫓겨 돌아다녀도 다 낙원이었다. 그렇지 않고 속된 사람과 더불어 있을 때는 어수선해서 책을 펼 수 없었을 뿐만 아니라 높은 집에 맛있는 음식, 좋은 방석에 앉아 있어도 큰 칼을 목에 건 것 같았고, 몸은 불덩이 속에 있는 것 같았다.
>
> – 〈화도원랑귀거래사和陶元凉歸去來辭〉

1608년 그는 다시 공주목사에 임명되었다. 그러나 그 역시 그리 오래가지 않았다. 비천한 신분의 사람들과 가까이 사귄다는 이유로 또다시 파직당하고 말았기 때문이다. 이에 기생 이매창이 있는 전라도 부안으로 내려간 그는 천민 출신 시인 유희경劉希慶 등과 어울리며 세월을 보낸다. 그러던 중 이매창이 세상을 떠나자 인간으로서의 예의를 표하며 다음과 같은 글을 남겼다.

> 이매창은 부안 기생이다. 시에 밝고, 글을 잘했으며, 노래와 거문고에 능했다. 그러나 절개가 굳어서 색을 좋아하진 않았다. 내가 그 재주를 사랑하고 정이 두터워 서로 농담을 할 정도로 터놓고 지냈지만 도를 넘지 않았으므로 오랫동안 우정이 이어졌다. 이제 그녀의 죽음을 듣고 이 글을 지어 애도한다.
>
> – 《성소부부고》 권2

## 임금의 두터운 신임, 조정의 실력자가 되다

선조는 조선왕조 사상 최초의 방계傍系(형제·조카 등과 같이 공통의 조상을 통하여 갈라지는 관계. 이에 반해 직계는 조부·부·자·손과 같이 조부로부터 손자에게 곧바로 이어나가는 관계를 말함) 혈통 임금이었다. 선조의 이런 콤플렉스는 재위 기간 내내 파행적인 정치 행적을 하게 만들었다. 왕위 계승을 둘러싸고 치열하게 전개되었던 대북파와 소북파 사이의 암투 역시 거기서 비롯되었다.

1608년 광해군이 즉위하면서 권력을 장악한 대북파는 소북파의 영수 유영경柳永慶을 사사하고 그 무리를 축출하는데 박차를 가하였다. 그리고 훗날 화근이 될 수 있는 영창대군과 그 측근을 압박하였다. 그러던 중 문경새재에서 한 상인이 살해당하고 은 수백 냥을 약탈당하는 사건이 일어났다. 범인은 고관대작들의 서자들로 스스로를 강변칠우江邊七友 혹은 죽림칠현竹林七賢라 일컫던 자들이었다. 영의정을 지낸 박순의 서자 박응서朴應犀, 심전沈詮의 서자 심우영, 서익徐益의 서자 서양갑徐羊甲, 평난공신 박충간朴忠侃의 서자 박치인朴致仁·박치의朴致義 형제, 북병사를 지낸 이제신李濟臣의 서자 이경준李耕俊, 서얼 허홍인許弘仁이 바로 그들이었다. 이들은 선조대에 서얼의 벼슬길을 열어줄 것을 상소한 적이 있었다. 그러나 그 요구가 관철되지 않자 1613년 초부터 경기도 여주 강변에 무륜당無倫堂이라는 정자를 만들어놓고 화적질을 일삼기 시작하였다.

대북파는 이 사건을 영창대군과 그 주변 사람들을 제거하는 기회로 이용하려고 하였다. 이에 이이첨은 박응서를 꾀어 영창대군을 옹립하기 위해 김제남金悌男이 역모를 꾸몄다는 무고를 하도록 하였다. 그 결과, 김제남 부자와 영창대군은 참혹한 죽임을 당했고, 인목대비仁穆王后(선조의 계비로 영창대군의 생모) 역시 경운궁으로 쫓겨나야만 했다.

놀라운 것은 허균이 그 서자들의 배후로 지목되었다는 것이다. 무륜당의 우두머리인 심우영이 그의 처삼촌이었고, 다른 서얼들과도 돈독한 관계를 맺고 있었다는 이유 때문이었다. 하지만 허균은 그들과의 관계를 끝까지 부인하였다. 사건의 주범인 서자들 역시 모진 고문을 받으면서도 허균과의 관계에 대해서는 끝까지 부인하였다. 이를 계기로 그는 신변의 안전을 위해 대북파의 영수였던 이이첨을 가까이하기 시작하였다. 그러던 중 1618년 경운궁에서 약시투격約矢投檄 사건이 일어났다. 인목대비가 외부와의 접촉을 차단당한 채 감금되어 있던 경운궁에 편지를 동여맨 화살이 날아든 것이다.

편지의 내용은 광해군이 서자로서 임금 자리를 차지하고 부왕(선조)과 형님(임해군)을 죽였으니 즉시 쫓아내야 한다는 것이었다. 그리고 그달 28일에 군사를 일으켜 거사할 것이니 내통하라는 것이었다.

편지에서 역모를 일으킬 인물로 지목되었던 이는 영의정 기자헌奇自獻이었다. 그러나 그는 '이는 간사한 자의 흉계'라며 다음날 새벽 강릉에 있는 절로 달아나 버렸다. 광해군이 승지를 보내 다시 부르자 상소를 올려, '누가 감히 이런 짓을 했을까?'라는 문구 속에 허許자를 넣어 역모의 장본인이 허균임을 암시하기도 하였다. 그러자 허균 역시 그것이 거짓임을 알리는 비밀 상소를 올렸고, 그때부터 두 사람은 원수 사이가 되고 말았다.

기자헌의 아들 기준격奇俊格 또한 위기에 처한 아버지를 구하고자 허균의 숨은 과거를 들추는 상소를 올렸다. 그는 허균의 문하에서 학문을 배웠던 제자이기도 했다.

　　기유년 겨울에 허균의 집에 갔더니, 그가 "의창군義昌君은 선조의 사랑하
는 아들이니, 그를 세자로 세우자고 했으나, 네 아버지가 저지시켰다. 내가
만약 권력을 쥐고, 인목대비가 정사를 돌본다면 심식기審食其(한나라 여후의 정
부)가 되는 것도 어려운 일이 아니다." 라고 하였습니다. 이렇듯 허균의 패려悖
戾하고 흉악한 죄는 머리카락을 뽑아 세어도 헤아리기 어렵습니다. 그런데
지금 이미 폐비론이 정해졌으니, 허균 같은 흉악한 도적의 도움 없이도 일을
올바르게 처리할 수 있습니다. 부디, 허균이 의창군을 임금으로 세우고 인목
대비에게 수렴청정을 시키고자 한 죄를 추궁하시기 바랍니다.

　　　　　　　　　　－《광해군일기》 122권, 광해 9년 12월 24일 을묘

　　그러나 허균은 이미 그들이 함부로 손댈 수 없는 조정의 실력자가 되어 있었
다. 또한, 광해군의 신임 역시 워낙 두터워 오히려 그의 죄를 고발한 기자헌이 회
령으로 귀양을 가야만 했다.

## 죽음을 둘러싼 수많은 의혹, "훗날 반드시 이론이 있을 것"

　　1618년 그와 조정 대신들은 마침내 인목대비를 폐하여 서궁西宮으로 쫓아내
고 말았다. 그러나 곧 이를 반대하는 상소가 전국에서 연이어 올라오기 시작하

였다. 그 결과, 조정에서 그의 입지는 점점 좁아지기에 이른다. 그러자 그를 철저하게 이용하던 영의정 이이첨이 그를 제거하려고 한다는 소문이 돌기 시작하였다.

그해 4월 28일 삼사三司(조선시대 언론을 담당한 사헌부·사간원·홍문관을 가리키는 말)가 합동으로 허균을 비판하는 상소를 올렸다.

"허균은 천지간에 일대 괴물"이라는 문장으로 시작되는 이 상소문에는 그동안 풍문으로만 떠돌던 그의 온갖 비행이 빠짐없이 기록되어 있었다. 하지만 광해군은 확실한 근거가 있을 때까지 일을 미루라는 어명을 내린다. 그만큼 그에 대한 신임이 두터웠다.

그 무렵, 남산에서는 수상한 이들이 이상한 소문을 퍼뜨리기 시작하였다.

"북쪽에서 오랑캐들이 이미 압록강을 건너 쳐들어오는 중이고, 남쪽에서는 유구인琉球人(지금의 일본 오키나와에 살던 사람들)들이 쳐들어와 섬에 숨어 있으니 어서 빨리 피난을 떠나시오."

또한, 그들은 "성은 들판만 같지 못하고, 들판은 멀리 도망가는 것만 못하네."라는 노래를 퍼뜨리면서 백성들을 선동하였다. 이에 민심은 흉흉해졌고, 너나 할 것 없이 보따리를 싼 채 앞다퉈 피난을 떠나느라 야단법석이었다. 그러자 상황의 심각성을 뒤늦게 인식한 광해군은 세 번에 걸쳐 전교를 내리기에 이른다.

근래에 도성이 더욱 텅 비었다 하니, 무슨 연고로 인해 이 지경까지 이르렀는지 모르겠다. 관원 중에 먼저 가속家屬을 내보내거나 짐바리를 실어내는 자는 법부로 하여금 적발해서 아뢰어 다스리게 하고, 서민은 한성부로 하여금 오가통伍家統(다섯 집을 하나의 통으로 묶는 것)을 만들게 해서 만약 숨겨주

고 보고하지 않는 자가 있으면 통주統主(우두머리 또는 통솔자)를 중하게 다스리
도록 하라.

**-《광해군일기》 131권, 광해 10년 8월 4일 경신**

그러던 중 이른바 남대문 방서榜書 사건이 일어났다. 남대문에 흉서凶書가 붙
었는데, 그 내용이 경운궁에 날아들었던 것과 매우 비슷하였다. 거기에 더해 광
해군을 징벌하기 위해 곧 하남대장군이 도성에 도착할 것이라는 내용이 담겨
있었다. 이에 조정에서는 흉서를 처음 보았다는 유생 하인준河仁俊을 불러 추국
하였다.

사실 하인준은 허준의 심복과도 같은 사람이었다. 곧이어 허균과 깊은 관계
를 맺고 있던 우경방禹慶邦, 황정필黃廷弼, 김윤황金胤黃, 현응민玄應旻, 김개金闓, 민
인길閔仁佶, 이사성(李士星, 허균의 사위) 등이 차례대로 국문장에 끌려왔다.

얼마 후 하인준의 입에서 허균의 지시로 꾸민 일이라는 자백이 흘러나왔다.
하지만 그는 끝까지 그 사실을 인정하지 않았다. 이에 그를 문초하던 이이첨은
그를 즉시 처형할 것을 임금에게 청하였다.

"하인준 등이 모두 자백했으니 다시 심문할 일이 없습니다. 바로 목을 베야 합
니다."

당시 허균은 자신의 딸을 세자의 후궁으로 삼으려던 참이었다. 이에 위기의식
을 느낀 이이첨은 서둘러 그를 제거하고자 하였다.

뒤늦게 이이첨에게 속은 사실을 안 허균은 그를 향해 이렇게 외쳤다.

"아직 할 말이 있다!"

하지만 그의 요청은 받아들여지지 않았다.

이때 이이첨과 한찬남韓纘男 무리는 허균이 사실대로 말하면 그들의 전후 흉모가 여지없이 드러나 다 같이 사형을 받게 될까봐 매우 두려워하였습니다. 그래서 심복을 시켜 몰래 허균에게 말하게 하기를 "잠깐만 참고 지내면 나중에는 반드시 벗어날 수 있을 것이다." 라고 하였습니다. 또 허균의 딸이 뽑혀서 세자의 후궁으로 들어갈 참이므로 다른 근심이 없으리라는 것을 보장한다면서 온갖 수단으로 사주하고 회유했습니다.

-《광해군일기》 광해 10년, 1618년 8월 24일

1618년 8월 24일 그는 서울 서쪽 저잣거리에서 조정의 모든 신하가 지켜보는 가운데 한 많은 생을 마감해야 했다. 그의 시신은 갈기갈기 찢겼고, 그의 아들들 역시 처형되었으며, 아버지 허엽 또한 부관참시剖棺斬屍를 당해야만 했다. 그러나 누구도 그의 시신을 수습할 수 없었다. 역적의 시신은 거둘 수 없었기 때문이다. 그래서 그의 묘는 시신이 없는 가묘假墓다.

그는 죽어서도 끝내 역적이라는 오명을 벗지 못한 채 조선왕조의 멸망을 지켜 봐야 했다.

그가 허망한 죽임을 당한 후 한 사관史官은 다음과 같은 글을 지어 그의 죽음 을 애도하였다.

허균은 후처의 막내둥이로 태어나 일찍 아버지를 사별하고 어머니 밑에

서 규제 없이 자라난 까닭에 예의범절을 지킬 줄 모르는 버릇없는 성품을 지
니고 있었다. 그를 가르친 스승은 서얼로서 출세에 제약을 받는 울분에 쌓
인 인물이었고, 그가 친하게 지낸 인사들 역시 주로 서얼들이었다. 이에 그는
사회 제도의 모순에 대해 개혁 의지가 깊이 뿌리박힌 저항적인 정신을 지니
고 있었다. … (중략) … 그는 동료들에게는 거만하게 행동하면서도 서얼들
에게는 동정을 아끼지 않았으며 함께 어울리는 소탈함을 보였다. 그 이중적
인 성격으로 인해 당대의 혼란상을 혼자 뒤집어쓰고 죽임을 당해야 했으니,
어찌 동정의 눈물을 흘리지 않을 수 있으랴.

**-《광해군일기》**

교산 허균. 그는 이미 4백여 년 전에 시대적 한계를 뛰어넘어 차별 없는
사를 꿈꾼 자유주의자였다. 비록 개인적인 비행非行으로 인해 파직과 복직
을 되풀이하면서 많은 비난을 받기도 했지만, 부패한 정치와 잘못된 제도
를 실천적으로 개혁하려고 했을 뿐만 아니라 백성들을 위한 이상 사회를
꿈꾸기도 하였다.

그가 역모를 꾸민 것이 사실인지 아닌지는 알 수 없다. 하지만 조선사를
통틀어 그만큼 진보적이고, 평등과 자유를 외친 선비는 없었다. 이것이 바
로 역사는 비록 그를 역적으로 기록하고 있을지언정, 우리가 그를 혁명가
로 기억하는 이유다.

"이 늙은이는 적은 재주로 아직 도를 듣지 못하였으나, 성세聖世에 태어나

관官은 상대부上大夫요, 직職은 교서의 직분이니, 어찌 감히 소부巢父나 허유許由를 따르려고, 요순과 같은 임금과 결연히 결별하고 나 스스로 고상함을 누릴 수 있겠는가. 다만, 때와 운명이 맞지 않으므로 옛사람이 탄식한 바와 같이 비슷한 데가 있다. … (중략) … 언젠가 숲 아래 속세와 인연을 끊고 세상을 버린 선비를 만나게 될 때 이 책을 꺼내어 서로 즐겨 읽는다면, 내 타고난 인간으로서의 본성을 저버리지는 않으리라.

- 《한정록》 서문

# 스스로 시대의 서자가 되다

### 조선왕조 5백 년 역사상 가장 재능이 뛰어났던 천재

광해군 10년 8월, 한 선비가 저잣거리에서 능지처참凌遲處斬(대역죄를 지은 사람에게 과하던 최고의 형벌)을 당하였다. 그는 당대 최고의 문장가로 꼽혔지만 변론의 기회조차 주어지지 않았다. 반란을 꾀한 대역죄인이었기 때문이다. 그의 죄목은 세상을 어지럽히고, 음험陰險하여 인간으로서 해야 할 도리를 어겼다는 것이었다. 그의 이름은 허균이었다.

허균. 그는 조선왕조 5백 년 동안 명멸했던 수많은 천재 중에서도 가장 재능이 뛰어났던 인물로 꼽힌다. 당시 그의 이름은 조선을 넘어 중국까지 널리 알려졌는데, 그 계기가 된 것은 명나라 사신 주지번과의 만남이었다.

1600년 겨울, 명나라 황제 신종神宗(명나라 13대 임금)은 큰손자가 태어나자 주지번을 조선으로 보내 왕비에게 비단을 하사하도록 하였다. 그러자 조선 조정에서는 한바탕 큰 소동이 일어났다. 그도 그럴 것이 신종은 임진왜란 당시 조선을 구해준 은인이었다. 이에 그가 보내는 사신 역시 함부로 대할 수

없었다. 그 때문에 조선 조정에서는 사신을 맞을 적임자를 찾기 위해 골몰하였고, 결국 원접사遠接使(조선시대 명나라와 청나라의 사신을 맞아들이던 관직 또는 그 관원)로 유근柳根을 임명하였다. 하지만 사신을 직접 접대할 종사관從事官(조선시대 각 군영과 포도청에 두었던 관직)이 없었다. 사실 유근은 지방의 한직만 거쳤기 때문에 어디에 어떤 인재가 있는지 잘 알지 못하였다.

그러던 중 허균의 문재文才가 당대 제일이라는 소문을 듣고, 그에 대해 조사를 해보니 이미 관직에서 물러난 뒤였다. 당시 관직을 갖지 않은 사람은 아무리 그 재주가 뛰어나도 외교관이 될 수 없었다. 그러나 허균 외에는 사신을 상대할 만한 적임자를 마땅히 찾을 수 없었기에, 유근은 고민 끝에 그에게 의흥위義興衛 부호군副護軍이라는 임시 군직을 주어 종사관으로 임명하도록 하였다.

허균은 자신의 재능을 유감없이 발휘하였다. 중국 사신들이 묻는 말에 어느 것 하나 막히지 않고 술술 답변을 풀어냈을 뿐만 아니라 고금의 역사를 정확히 짚어내었다. 이에 사신들 또한 감탄을 금치 못하였다. 당시 서인으로서 영위사迎慰使에 임명되었던 신흠申欽의 말을 통해 그의 실력이 얼마나 뛰어났는지 알 수 있다.

허균이 종사관이 되어 원접사 유근을 따라 의주에 도착했을 때 영위사 신흠이 날마다 같이 만났다. 허균은 옛 책들을 널리 외우고 있었고 유교·도교·불교 등에 관련된 책들에 대해서도 막히는 바가 없어 아무도 당할 사람이 없었다. 신흠이 물러 나와 탄식하기를 "이자는 정녕 사람이 아니다. 그 모

습도 범상치 않으니 분명 여우나 삵, 뱀이나 쥐 같은 짐승의 정령일 것이다."
라고 하였다.

- 《어우야담》

그러나 그에 대해서 이미 알고 있던 대부분의 조선 선비들은 그를 경계하였다. 하지만 주지번 만큼은 그의 빼어난 재주를 인정하고 탄복하였다. 이에 허균은 그들에게 최치원 이후의 우리나라 시를 소개하였고, 스승 이달과 누이 허난설헌의 시 또한 보여주었다. 그러자 주지번은 이달의 〈창랑가滄浪歌〉에 이르러 혀를 내두르며, "과히 이태백과 겨룰만하다." 라며 극찬을 아끼지 않았다. 그리고 그에게 맡은 관직과 이력을 물었는데, 그가 있는 그대로 대답하자, 이렇게 말하였다고 한다.

"이 사람은 중국에서 태어났어도 틀림없이 중요한 관직에 있었을 것인데, 죄를 짓지 않았다면, 어찌 그 같은 말직에서 전전할 수 있겠는가?"

### 시대의 모순과 부조리를 타파하고자 했던 자유주의자

조선 후기 실학자 성호 이익李瀷이 쓴 《성호사설星湖僿說》 제16권 〈인사문人事文〉을 보면 다음과 같은 글이 나온다.

지금 세상에서 가슴 답답하게 하는 일을 꼽아보자. 습속이 인재를 천대하여 어진 사람은 물러가게 되었고, 풍습은 문벌을 숭상하여 서얼과 중인을 차별한다. 이들은 백 대 후까지도 높은 벼슬에 오르지 못한다. 또한, 서북 3도(평안도·황해도·함경도) 사람을 써 주지 않은 지 벌써 4백여 년이 되었으며, 노비법으로 그 자손을 차별하여 사람으로 취급하지 않으니, 사람들의 울분이 널리 퍼져 있다. 또 지금에 이르러 공공연히 당론이 만들어져서 서넛씩 짝을 지어 각자 천박한 무리를 이루고, 한 번 득세하면 다른 당파는 모조리 쫓아버리니, 어찌 세상이 변화할 수 있겠는가? 상황이 이러니 초목조차 번성하지 못하는 것이다. 이에 시골 늙은이들이 "풀씨도 점점 적어지고 나무들도 자라지 않는다." 라고 하니, 이것이 바로 그 증거이다. 이 울분의 기운을 소통시킬 사람이 없는 것이 참으로 걱정이다.

이익은 이 글을 통해 자신이 살았던 18세기 조선의 폐단을 묘파描破(있는 그대로 묘사함)하고 있다. 하지만 이러한 악습은 하루아침에 생겨난 것이 아니었다. 시대의 이단아 허균이 살았던 16세기에는 그 정도가 더욱 심했기 때문이다.

그는 서얼이라는 이유만으로, 서북 지방에서 태어났다는 이유만으로 세상에 나아갈 수 없는 불합리한 현실을 혁명을 통해 바꾸고자 하였다.

그는 스승 이달을 존경했고, 서얼 친구들의 처지를 이해했으며, 그들을 마음 깊이 사랑하였다. 또한, 그와 친밀하게 사귄 권필, 조위한, 이재영 등은 모두 뛰어난 문장가로 알려졌지만, 불행한 운명 때문에 자신의 재능을 펼칠 수 없었다.

그의 글 〈유재론遺才論〉은 그런 벗들과의 사귐에서 나온 것이다.

우리나라는 땅까지 좁아 인재가 드물게 나옴은 예로부터 걱정하던 일이
었다. 그러나 조선이 건국된 후에는 인재를 등용하는 길이 더욱 좁아져 대
대로 벼슬하던 명망 높은 집안이 아니면 높은 자리에 오를 수 없었다. 어머
니가 천한 신분이거나 개가했으면 그 자손들은 모두 벼슬길에 오르지 못
한다. 옛날의 어진 인재들은 대부분 미천한 데서 나왔다. 하늘이 낳아 주었
는데 사람이 그것을 버리니 이는 하늘을 거역하는 것이다.

그가 쓴 최초의 한글소설《홍길동전》은 이런 시대 상황 속에서 탄생하였
다. 특히 그는 소외된 사람들을 주인공으로 여러 편의 한문소설을 썼는데,
《홍길동전》은 그와 비슷한 착상을 한글소설로 구체화한 것일 가능성이 높
다. 그가《홍길동전》을 썼다는 기록은 이식李植의《택당선생별집澤堂先生別
集》을 통해 알 수 있다.

《수호전》을 지은 사람은 삼대에 걸쳐 그 징계를 받을 것이다. 허균, 박엽朴
燁 등이 이 책을 특히 좋아하여 도적들의 이름을 따서 별명으로 삼아 놀곤
했다. 허균은 또한《수호전》을 모방하여《홍길동전》을 지었는데 그 무리인
서양갑, 심우영 등이 그대로 실행하여 세상을 소란하게 했다. 이에 대한 벌
로 허균 또한 반역자로 몰려 죽었으니 그 대가를 치른 것이다.

《홍길동전》은 도적을 주인공으로 한 영웅소설, 서얼 차별의 불합리에 항거한 사회소설, 이상향을 그린 낙원소설, 그리고 둔갑법, 축지법縮地法, 분신법分身法, 승운법乘雲法 등을 담은 도술소설 등 다양한 속성을 지니고 있다. 이로 인해 한국 소설사에서 독특한 위치를 차지하고 있는데 이러한 다양성은 후대 소설에서는 찾아보기 어려운 것이어서 더욱 주목받고 있다. 특히 〈호민론豪民論〉에 나타난 이상적 혁명가 상象을 살펴볼 때 홍길동은 그에 대한 구체적인 형상화라고 볼 수 있다.

"천하에서 두려워해야 할 존재는 오직 백성뿐이다." 라는 선언으로 포문을 여는 〈호민론〉에서 허균은 민중을 '호민豪民', '원민怨民', '항민恒民'으로 나누었다. 이에 무식하고 천하며, 자신의 권리를 주장할 의식이 없는 민중을 '항민', 수탈당하면서 왜 압박을 받아야 하는지 고뇌하는 민중을 '원민', 시대의 소명을 스스로 깨달아 올바른 사회를 지향하는 혁명가를 '호민'이라 하였다. 그리고 우둔하고 잠자는 민중을 이끌고 갈 사람으로 '호민'을 지목하였다.

《홍길동전》의 모델로는 연산군대에 화적 홍길동의 활동, 명종대에 일어났던 임꺽정의 난과 임진왜란 중 일어났던 이몽학李夢鶴의 난 등을 꼽을 수 있다. 이에 작품 속에는 이러한 사건들의 다양한 요소가 혼합되어 나타나 있다. 아울러 홍길동이 율도국을 건설하는 대목은 조선 선비들이 갖고 있던 이상향에 대한 동경을 드러낸 것이라고 할 수 있다. 그렇게 볼 때 《홍길동전》이야 말로 당대 가장 한국적인 소설이라고 할 수 있다.

**그는 정말 허 씨 조선을 세우려고 했는가**

그는 영욕으로 점철된 삶을 살았던 탓에 죽은 후에도 여러 가지 엇갈린 평가를 받고 있다.

사실 그의 글재주에 대해서는 이견이 거의 없다. 《서포만필西浦漫筆》을 쓴 김만중金萬重과 명나라 문장가 이정기李廷機는 그의 글재주에 대해서 다음 과 같이 평한 바 있다.

> 허균의 〈사부고四部稿〉는 선비들에게 널리 읽히고 있다. 〈궁사宮詞〉, 〈절구
> 絶句〉, 〈죽서루부竹西樓賦〉 같은 여러 편의 글은 권필이나 이안눌 같은 문사도
> 따르지 못한다.
>
> - 《서포만필》

> 그의 문文은 물굽이가 부드럽게 흐르는 듯하고, 변화와 아취가 훤하게 스
> 며들어 있어 마치 왕세정王世貞과도 같다. 그리고 그의 시는 심오하고 미묘하
> 며 화려하기가 변공邊貢과도 같다.
>
> - **明의 문장가 이정기의 허균에 대한 평**

하지만 그의 인품에 대해서는 부정적으로 묘사한 기록이 훨씬 더 많다. 그 대표적인 것이 《명문록名門錄》에 실린 기록이다.

허균은 천지간의 한 괴물이다. 그의 일생에 저지른 일은 모든 악을 갖춘 것이요, 인륜의 도덕을 어지럽혔으며, 행실을 더럽혔으니, 이는 사람의 짓이라고 할 수 없다.

그는 좋은 문벌과 뛰어난 재능을 타고났다. 따라서 그가 세상과 타협하려고 했다면 얼마든지 부귀영화를 누릴 수 있었다. 하지만 그는 불의한 세상 속에 몸을 맡기기에는 너무도 순수한 사람이었다. 그리고 그 순수성 때문에 당대 유림으로부터 이단아로 낙인찍힌 나머지 증오의 대상이 되고 말았다.

그의 자유와 정의에 대한 열망은 결국 삶을 파란으로 몰고 갔고, 급기야 비극적인 종말을 만들고야 말았다. 이에 그는 조선왕조가 끝나는 순간까지도 역적이라는 멍에에서 벗어나지 못하였다.

1623년 인조반정이 일어나 광해군대의 역적들이 모두 신원 되었지만 그만은 예외였다. 전대에 반란을 일으키려 했으니 당대의 역적이요, 인목대비와 그녀를 옹호한 충신들을 몰아냈으니 반정 후에도 역적이라는 이유 때문이었다. 그러다 보니 사대부들은 그 이름을 일컫는 것조차 더러운 일로 생각하였다. 그러나 그는 대역죄를 저지른 죄인으로서 죽임을 당하면서도 끝까지 자신의 혐의를 시인하지 않았다. 그 때문에 정말 그가 이 씨 조선을 무너뜨리고 허 씨 조선을 세우려고 했는지는 아직까지도 풀리지 않는 미스터리로 남아 있다.

- 1569년(선조 2년) 허엽의 3남 3녀 중 막내아들로 태어남

- 12세_1580년(선조 13년) 부친 허엽 상주 객관에서 절명

- 17세_1585년(선조 18년) 초시에 급제, 김대섭의 차녀와 결혼

- 21세_1589년(선조 22년) 생원시 급제. 누이 허난설헌 절명

- 23세_151년(선조 24년) 《난설헌집》편찬

- 24세_1592년(선조 25년) 외가 애일당 뒷산 이름을 따서 '교산'이라는 호를 처음 사용

- 25세_1593년(선조 26년) 최초의 시 평론집 《학산초담》을 씀

- 26세_1594년(선조 27년) 정시을과 급제

- 29세_1597년(선조 30년) 문과 중시 장원급제

- 38세_1606년(선조 39년) 《난설헌집》을 주지번에게 줌

- 43세_1611년(광해군 3년) 문집 《성소부부고》64권 엮음

- 44세_1612년(광해군 4년) 최초 한글소설 《홍길동전》씀

- 46세_1614년(광해군 6년) 호조참의, 천추사가 되어 중국에 사신으로 파견됨

- 47세_1615년(광해군 7년) 문신정시에서 1등을 함, 정2품 가정대부에 오름

- 49세_1617년(광해군 9년) 정2품 좌참찬에 오름

- 50세_1618년(광해군 10년) 기준격의 모함으로 인해 참수됨

正義

조선 사회의 허위의식을 고발한 신지식인, 박지원

# 과거 공부나 하는
# 쩨쩨한 선비는 되지 마라

"선비는 궁하더라도 진리를 떠나서는 안 되고,
출세하더라도 정의감을 상실해서는 안 된다."

어제 이제묘夷齊廟(백이 숙제 묘) 앞에서 점심을 먹을 때 고사리를 넣은 닭찜이 나왔다. 맛이 매우 좋고 길에서 변변한 음식을 먹지 못한 터라 입맛이 당기는 대로 달게 먹었다. 하지만 그것이 예전부터 전해오는 관례인 줄은 미처 몰랐다.

오후에 길에서 소낙비를 만나서 겉은 춥고 속은 막혔다. 가슴에 그득히 체해 트림을 하면 고사리 냄새가 목을 찌르는 듯하여 생강차를 마셔도 속이 편치 않았다. 철도 아닌 고사리를 어디서 구했냐고 묻자 옆 사람이 이렇게 대답하였다.

"이제 묘에서는 점심을 대는 것이 관례가 되어 있으며 어느 철이건 고사리를 먹는 법입니다. 우리나라에서 마른 고사리를 미리 준비해와 여기서 국을 끓여 먹는 것이 벌써 오래된 일입니다. 10여 년 전에 건량청乾糧廳(말린 음식을 장만하는 부서)이 이를 잊어버리고는 갖고 오지 않은 일이 있습니다. 이에 이곳에 이르러 고사릿국을 끓이지 못했으므로 건량관이 서장관에게 매를 맞고서 물가에 앉아 푸념하기를 "백이 숙제야, 나하고 무슨 원수냐? 나하고 무슨 원수냐?" 라고 했답니다. 소인의 소견으로서는 고사리가 고기만 못하고, 또 듣자하니 백이 숙제는 고사리를 뜯어 먹고 굶어 죽었다고 하니 고사리는 참으로 사람 죽이는 독물인가 하옵니다."

그러자 옆에 있던 사람들이 모두 허리를 잡고 웃었다.

－《열하일기熱河日記》

서울 서쪽에 있던 반송방盤松坊(지금의 서울 서대문) 야동冶洞(지금의 서울 서소문 밖)에서 태어난 연암燕巖 박지원朴趾源은 어려서부터 매우 영특하였다고 한다. 하지만 아버지 박사유朴師愈가 어린 시절 일찍 세상을 떠난 탓에 할아버지 박필균朴弼均 슬하에서 자라야 했다. 관직에 있을 때부터 청렴하기로 소문이 자자했던 박필균은 그를 불운한 자손이라 생각하여 글을 가르치지 않았다. 이 때문에 그는 열다섯이 될 때까지 글공부를 전혀 하지 않았다. 이후 할아버지 박필균이 세상을 떠났고, 그는 이보천李輔天의 딸과 결혼하였다.

어느 날, 처숙이었던 이군문李君文이 사대부임에도 글공부를 전혀 하지 않는 그를 향해 물었다.

"사대부로서 배우지 않고 어찌 행세하며 살 것인가? 오늘부터 내게 가르침을 받겠는가?"

그는 그 자리에서 글을 배우겠다고 했으며, 이군문은 책상 위에 있던 사마천의《사기》중〈신릉군전〉을 뽑아 들어 구절을 떼어 읽는 법을 가르쳐주었다. 이때 그의 나이 열여섯이었다.

## 불운한 자손, 열여섯에 처음 글공부를 시작하다

그때부터 공부에 재미를 붙인 그는 삼 년 동안 집안에만 틀어박혀 공부에 전념하였다. 이에 제자백가의 책을 두루 섭렵하였고, 경학經學·병학兵學·농학農學 등 모든 경세의 학문을 배우고 익혔다. 하지만 처음 응시했던 과거에서 그 뜻을 이루지 못하였다. 그는 그 이유를 과거제도의 폐단 때문이라고 생각하였다.

《연암집燕巖集》을 살펴보면 당시 과거제도의 폐단이 적나라하게 드러난 기록이 있다.

무릇, 요행을 말할 때는 '만의 하나萬一'란 말을 하지요. 어제 과거에 응시한 사람이 줄잡아 수만 명이나 되었지만, 창명唱名(급제자 발표)은 겨우 스무 명밖에 아니 되니, 이야말로 만의 하나라 이를 만하지 않겠소.

시험장 문에 들어갈 때 서로 밟고 밟히고 죽고 다치고 하는 자들이 수도 없으며, 형제끼리 서로 외치고, 부르고, 뒤지고, 찾다가, 급기야 서로 만나게 되면 손을 잡고, 마치 죽었다가 살아난 사람이라도 만난 듯이 여기니, 죽을 확률이 십 분의 구라 이를 만하지요.

지금 그대는 능히 십중팔구 죽을 확률에서 벗어나서 만의 하나뿐인 이름을 얻었소. 나는 그 많은 사람 속에서 만의 하나뿐인 영광스러운 발탁을 미처 축하하기 전에, 속으로 사망률이 십 분의 구에 달하는 그 위태로운 장소에 다시 들어가지 않아도 되는 것을 축하할 따름이오.

즉시, 몸소 축하해야 마땅하겠으나, 나 역시 십 분의 구의 죽음에서 벗어난 뒤라 지금 자리에 쓰러져 신음하고 있으니 병이 조금 낫기를 기다려 주기를 바라오.

**–《연암집》제5권 〈북쪽 이웃의 과거 급제를 축하함〉**

1768년 그는 백탑白塔 인근으로 이사하였다. 이를 계기로 평생의 벗들인 홍대용洪大容, 이덕무李德懋, 박제가朴齊家, 이서구李書九, 서상수徐常修, 유득공柳得恭, 유금柳琴 등과 이웃하면서 깊은 교류를 나누게 되었다.

그는 선조의 부마였던 금양위錦陽尉 박미朴瀰(선조의 다섯째 딸인 정안옹주의 남편)의 후손이었다. 하지만 당시 왕실의 인척은 벼슬길이 거의 막혀 있었다. 정조가 세손 시절 홍봉한洪鳳漢(정조의 외할아버지)과 김귀주金龜柱(영조의 계비 정순왕후의 오빠) 두 외척 간의 권력 다툼 속에서 목숨을 잃을 뻔했기 때문이다. 이에 외척은 그 능력이 아무리 뛰어나더라도 높은 벼슬에 등용되지 못하였다.

거취 문제를 두고 한동안 심각하게 고민하던 그는 초야의 선비로 남아 학문에만 전념하기로 하였다. 그리고 《열하일기》를 통해 벼슬자리에 대한 부정적인 생각을 다음과 같이 피력한 바 있다.

바위에 오를 때는 무작정 오르지만 일단 내려가려면 아찔하여 현기증
이 난다. 탈은 지나치게 높이 오르려고만 하는 눈에 있다. 관리생활도 마찬
가지이다. 승진할 때는 앞을 다투어 나가지만 오르고 나서는 앞이 막히고
외롭고 위기에 닥친다. 다시 아래로 내려가 평안한 처지에 있고자 해도 그
럴 수가 없다.

- 《열하일기》

## 낙향, 제비바위燕巖 아래 몸을 의탁하다

그 후 서울 전의감동典醫監洞(지금의 서울 종각에서 안국동으로 가는 곳에 있던 지명)
에 은거하며 사상과 문학 공부에 매진한 그는 궁핍한 생활을 이어가야 했
다. 당시 그의 생활은 궁핍하기 이를 데 없었다. 이서구가 쓴 〈하야방우기夏
夜訪友記〉를 보면 당시 그의 삶을 엿볼 수 있다.

팔월 초순 이웃집으로 걸어가 연암 어른을 방문하였다. … (중략) … 문
에 들어서니 연암 어른은 밥을 먹지 않은 지가 이미 사흘이 되었다고 하였
다. 연암 어른은 맨발과 맨머리로 방의 난간에 다리를 얹은 채 행랑아범과
말을 주고받고 있었다.

하지만 그가 가난 속에서 세월만 보내고 있었던 것은 아니다. 그는 여러

사람과 사귀면서 새로운 학문인 '북학北學'을 만들어가고 있었다. 그중에서도 홍대용과의 우정은 남달랐다. 이에 홍대용이 쓴《회우록會友錄》의 서문을 직접 쓰기도 하였는데, 이때의 상황이 왕성순王性淳이 편찬한《여한십가문초麗韓十家文抄》에 실려 있다.

홍대용이 중국에 가서 세 사람의 항주 사람을 만나 사귀고 이야기를 나눈 내용을 박지원에게 해주면서 "자네가 서문을 써 주게." 라고 하였다. 그러자 박지원은 한 번 읽어 본 후 이렇게 말하였다.

"홍군의 벗 사귀는 것이야 말로 톡 튀었구나. 나는 이제야 벗 사귀는 도를 알겠네. 그가 벗으로 삼는 바를 보았고, 벗이 되는 바를 보았으며, 벗으로 삼지 않는 바를 보았도다. 이것이 정녕 벗을 사귀는 방법이리라."

당시 그가 썼던 소품은 파격적이면서도 참신하다는 평가를 받으면서 널리 회자되었다. 특히 거기에는 "옛것을 본받되 새롭게 창조하자." 라는 법고창신法古創新의 진보적 관점과 함께 고도의 예술적 감각이 녹아 있었다.

1776년 영조가 여든셋의 나이로 세상을 뜨자 그의 손자였던 정조가 즉위하였다. 정조는 새로운 인물들을 다수 등용하였는데 이때 권력을 잡은 사람이 바로 홍국영洪國榮이었다.

홍국영은 정조의 아버지인 사도세자의 원수를 갚고자 하였다. 그때 그 원흉으로 지목된 사람이 바로 그와 가깝게 지내던 홍낙성洪樂性이었다. 홍국영은 그와 홍낙성과 한통속인 줄 알고 있었다. 그러다 보니 그에게도 당연히 화가 미칠 터였다. 하지만 그런 낌새를 먼저 눈치챈 후배 백동수白東修 가 그를 찾아와 급히 피신하도록 하였다.

"홍낙성이 사도세자의 원수로 지목되었으니 어르신 역시 그냥 놔두겠습 니까? 어디 깊숙한 데로 숨는 것이 좋을 듯합니다."

결국, 그는 1778년 황해도 금천 연암골로 들어갔다. 개성에서 삼십 리쯤 떨어져 있는 그곳은 마을 입구 절벽에 제비들이 둥지를 틀고 있어 '제비바 위'라는 뜻의 연암燕巖이라 불리었다.

하지만 그곳에서도 그의 생활은 가난하기 이를 데 없었다. 더욱이 형님 의 가족 역시 살길이 막막해지자, 형님 내외를 모시고 연암골로 들어가 농 사를 지으며 살려고 했지만, 형님이 돌아가시고 뒤를 이어 형수님마저 세 상을 떠나고 말았다. 훗날 그는 형수 이 씨와의 옛일을 회상하며 다음과 같 은 묘지명을 짓기도 하였다.

우리 형님은 이제 연로하십니다. 장차 저와 함께 시골에 가서 사셔야 할 것입니다. 그 집 담장 둘레에 뽕나무 4천 그루를 심고, 집 뒤에는 밤나무 1 천 그루를 심고, 대문 앞에는 배나무 1천 그루를 마주하게 하고, 시냇가 아 래위로 복숭아나무와 살구나무를 1천 그루 심고, 세 이랑 정도 넓이의 연 못에는 한 말쯤의 어린 물고기를 넣어 기르고, 바위 절벽 밑에는 벌통을 1 백여 개 놓으며, 울타리 사이에는 세 마리의 소를 묶어 둡니다. 제 집사람은 실을 잣고, 형수님은 여종이 기름 짜는 것만 채근하시어 이 시동생이 밤에 옛사람의 책을 읽을 수 있게 해주십시오.

그러자 당시 병이 위독했던 형수님이 자기도 모르게 벌떡 일어나 손으로 머리를 가르고는 한 번 웃으시면서 "그것이야말로 내가 오랫동안 꿈꿔 온 소원인 걸요."라고 하셨다. 밤낮으로 함께 오기를 바랐던 것이 심히 깊었는데, 그해 벼가 채 열리기도 전에 형수님은 그만 영영 일어날 수 없게 되었고, 마침내 관에 실린 시신으로 이곳에 돌아오게 되었구나.

-《연암집》

그는 형님과 형수님을 합장하여 모신 후 연암골로 다시 들어가 살면서 다음과 같은 시를 남겼다.

우리 형님 얼굴 누굴 닮았나
아버지 생각날 때면 형님을 보았지
이제 형님이 생각나면 누구를 보나
시냇물에 내 얼굴을 비치어봐야겠네.

我兄顏髮曾誰似
每憶先君看我兄
今日思兄何處見
自將巾袂映溪行

-《연암집》〈연암골에서 돌아가신 형님을 생각하며燕巖憶先兄〉

이 시를 읽은 이덕무는 눈물을 흘리면서 이렇게 말하였다고 한다.

"정情 지극한 말이 하염없이 눈물을 흘리게 하니 진실하고 절절하기 그지없다. 내가 선생의 시를 읽으면서 눈물을 흘린 것이 이번까지 두 번째인데, 그 첫 번째는 선생께서 그 누님의 상여를 실은 배를 떠나보내며 읊은 시였다."

## 가장 가난한 선비, 나이 오십에 벼슬길이 열리다

1780년 삼종형三從兄(촌수로 팔촌이 되는 형)인 박명원朴明源으로부터 급한 연락이 왔다. 청나라 건륭제의 칠순을 축하하기 위해 진하사進賀使겸 사은사謝恩使로 뽑혀 북경에 가게 되었는데 함께 가자는 것이었다. 가난과 우울의 무게로 인해 힘들어하던 그에게 이 제안은 귀가 번쩍 뜨일 만큼 기쁜 소식이었다. 실학의 본고장인 중국에서 여러 가지 문물과 풍광을 접할 수 있는 천재일우의 기회였기 때문이다.

그렇게 해서 1780년 6월 25일 한양에서 출발한 그와 그의 일행은 요동과 북경을 지나 연행 사상 최초로 황제의 별궁이 있던 만리장성 너머 열하까지 두루 돌아본 후 그해 10월 27일 귀국하였다.

이용후생利用厚生(홍대용·박지원·박제가 등 북학파 사상가들이 강조한 실학 이념)에 도움이 되는 청나라의 실용적인 기술과 생활 풍경을 눈여겨보았던 그는 귀국 후 여행 중에 써두었던 방대한 분량의 원고를 정리하기 시작하였다. 그것이 바로 《열하일기》였다. 그런데 미처 완성되기도 전에 일부 원고가 유출되어 전사轉寫(옮기어 베낌)되면서 커다란 반향을 불러일으켰다. 이로써 그의 이름 역시 단번에 알려지게 되었다.

그러던 중 집안의 생계도 책임지지 못하는 무능한 가장으로서 궁핍한 삶을 살던 그에게 벼슬길이 열렸다. 도성 안의 선비 중 그가 가장 가난하다는 이야기를 들은 정조가 그에게 선공감繕工監 감역監役이라는 벼슬을 제수한 것이다. 사실 정조는 《열하일기》를 읽은 후 그를 못마땅하게 여겼으나, 그가 그토록 가난하게 살고 있다는 소식을 듣고는 마음이 편치 않던 터였다. 그때 그의 나이 쉰이었다.

## 문체반정, 정조에 의해 문풍을 어지럽히는 당사자로 지목되다

그가 안의현감으로 재직하던 시절 선정을 통해 수많은 백성을 구휼하는 한편 왕성한 창작력을 발휘하여 주옥같은 작품들을 쓰기도 하였다. 음양오행설을 비판한 〈홍범우익서洪範羽翼序〉, 과부의 수절을 강요하는 작태를 비판한 〈열녀함양박씨전烈女咸陽朴氏傳〉, 장편 한시 〈해인사海印寺〉 등의 걸작이 모두 이 시기에 쓰였다.

그러나 호사다마랄까. 곧 《열하일기》로 인해 큰 곤경에 처하게 되었다. 이른바 문체반정文體反正의 회오리에 휘말리게 된 것이다. 당시에는 속어가 깨끗하지 못한 말이라고 해서 사람들이 일절 사용하지 않았다. 하지만 그는 그런 관행을 비웃기라도 하듯 거침없이 속어를 사용하였다. 문제는 그런 글 쓰기 방식이 널리 유행하기 시작했다는 것이다.

정조는 그런 부류의 글을 패사稗史(사관 아닌 사람이 이야기로 꾸며 쓴 역사 기록과 소품)에서 파생된 지극히 불순한 잡문이라고 하였다. 또한, 문풍을 어지럽힌 다면 철저히 금지시켰으며, 전통 고문으로 되돌려 바로잡고자 〈문체文體〉 라는 제목의 책문策問(문과의 시문)을 내걸기도 하였다.

> 문체는 치세와 관련이 있으므로 새롭게 바꿀 필요가 있다. 문체가 어려 운 것은 '기奇', 문체가 쉬운 것은 '순順'하다고 할 수 있다. 하지만 학식이 축 적되면 문체는 자연스레 순하거나 기하게 되어 어느 경우에나 태평성대의 글일 수 있다.

-《정조실록》

정조는 이런 생각을 구체적으로 실현하기 위해 왕실 연구기관인 〈규장 각〉을 설치한 후 학자들을 모아 경사를 토론하고 책을 만들게 하였다. 또 한, 문체를 타락시킨다는 명분에 따라 청나라 패관소설과 잡서의 수입 역 시 금지하였다. 하지만 청나라로부터 책 수입을 금지한 조치의 이면에는 당 시 성행하던 천주교가 더는 퍼져나가는 것을 막으려는 의도 역시 있었다. 당시 청나라와 교류가 잦아지면서 서학과 실학이 급속도로 유입되었고, 가 볍고 화려한 문풍과 풍속이 널리 퍼져 사대부에서 아녀자에 이르기까지 모두 패관소품을 읽고 즐겼기 때문이다. 이에 정조는 유생 이옥李鈺이 과거

시험장에서 쓴 문장에 패관체의 기풍이 묻어 있다고 비판하면서 문체가 불순한 사람은 과거에 응시조차 못 하게 하였다.

그러던 중 1792년 이가환李家煥을 모함하는 상소가 올라왔다. 정조의 총애를 받는 이가환을 질투한 이동직李東稷의 상소였다. 이를 본 정조는 그 책임을 박지원에게 돌렸다.

"근래 문풍이 나빠진 것은 이가환에게만 책임이 있는 것이 아니다. 그 근본은 박지원에게 있다. 《열하일기》는 나도 세밀하게 읽어보았지만 실로 엄청난 문제작이라고 할 수 있다. 《열하일기》가 널리 읽히면서부터 문체가 나빠졌으니 박지원에게 그 책임을 지우고 스스로 죗값을 치르게 하라."

이와 함께 정조는 규장각奎章閣 직각直閣 남공철南公轍에게 다음과 같은 명을 내렸다.

"박지원에게 《열하일기》의 문체가 고문에서 벗어난 점을 질책하면서 속죄하는 글을 지어 바치게 하라. 순정한 문체로 《열하일기》의 죄를 씻어내면 음관蔭官으로서 문임文任(홍문관, 예문관 제학으로서 나라의 문서를 맡아 보던 벼슬)도 아끼지 않으리라."

이렇듯 《열하일기》가 많은 사람으로부터 공격을 받았던 이유는 '청나라 연호를 쓴 글'이라는 데 있었다. 그 무렵 조선에서는 청을 배척하고, 명을 숭상하는 표현으로 명의 마지막 연호인 숭정崇禎을 사용하고 있었다. 그러나 박지원은 청나라 일을 기록하는 글에 더는 존재하지 않는 명의 연호를 사용할 수 없다고 생각하였다.

도대체 한낱 기행문에 춘추의 사필史筆을 요구하다니! 그뿐만 아니라 일시를 적을 때는 마땅히 명의 연호에 따라 썼는데, 도대체 무슨 소리를 하는 것이냐. 문장 곳곳에 청의 연호가 나온다 하여 비난하는 것은 말이 안 된다. 조선에서도 날짜를 명백히 밝히기 위해 매매문서에서는 청의 연호를 쓰고 있다. 도대체 왜 그들은 오랑캐의 연호가 붙은 문서로 산 집에서 살고 논밭에서 농사를 지어 먹는가.

**-《연암집》, 처남 이재성에게 보낸 글**

그렇다고 해서 정조가 그를 비난만 한 것은 아니었다.

1797년 면천군수가 된 그는 농업을 장려하기 위해 널리 농서를 구한다는 정조의 명을 받들어 《과농소초課農小抄》를 지어 올렸다. 이 책을 본 정조는 좋은 경륜문자經綸文字를 얻었다며 칭찬을 아끼지 않았다. 그리고 그에게 농서대전의 편찬을 맡기겠다고까지 하였다. 그러자 규장각 문신들 사이에서도 그에 대한 칭송이 끊이지 않았다. 그러나 그뿐, 그에게 호시절은 그리 오래가지 않았다. 갑작스레 정조가 승하하고 말았기 때문이다. 더욱이 양양부사로 있던 중 궁속宮屬(각 궁에 속한 구실아치 이하의 종)과 결탁하여 횡포를 일삼던 중들을 징계하는 문제로 상관인 강원도 관찰사와 불화를 일으키고 말았다. 결국, 그는 병을 핑계로 벼슬에서 물러난 후 다시 초야의 선비로 돌아갔다.

## 답답한 현실, 글로써 당대의 문제점을 고발하다

현실 문제를 개혁하지 않고서는 미래의 비전을 찾기 어렵다고 생각했던 그의 사상은 문학 속에도 잘 드러나 있다. 특히 그가 초기에 쓴 아홉 편의 단편은 대부분 당대의 현실과 연관된 것들로 강한 풍자성을 담고 있다. 그 중 〈양반전〉은 조선이라는 봉건 사회의 와해와 사대부 계급의 모순을 통렬하게 비판하고 있다.

이처럼 문장을 자유자재로 운용하면서도 표현을 절제하고 대상을 사실적으로 묘사한 그의 글은 그가 생각하고 있던 당대의 현실과 문학을 연결하는 하나의 매개체였다.

그대가 사마천의 《사기》를 읽었다고 하나, 그 글만 읽고 그 마음은 읽지 못했구려. 왜냐구요? 왜냐하면 〈항우본기項羽本紀〉를 읽고서 성벽 위에서 전투를 관망하던 장면이나 생각하고, 〈자객열전刺客列傳〉을 읽고서 고점리高漸離가 축筑을 치던 장면이나 생각하니 말입니다. 이런 아이가 나비를 잡는 광경을 보면 사마천의 마음을 알아낼 수 있지요. 앞다리는 반쯤 꿇고, 뒷다리는 비스듬히 뻗치면서 두 손가락으로 집게를 삼아 살금살금 다가가 잡았는가 싶었는데, 나비는 벌써 날아가고 말았습니다. 사방을 둘러봐도 아무도 없고 계면쩍어 씩 웃고 나니 부끄러운 듯도 하고 속이 상하는 듯도 합니다. 이것이 사마천이 책을 쓸 때입니다.

– 《연암집》 〈답경지삼答京之三(경지에게 보내는 세 번째 답문)〉

이글을 보면 사마천이 궁형을 당한 절망적인 상황 속에서도 역사적 진실을 있는 그대로 표현하려고 했던 것처럼 그 역시 당대의 현실을 있는 그대로 표현하고자 했음을 알 수 있다.

이처럼 그의 글쓰기는 고도로 전략화된 것이었다. 특히 그의 문장은 그 아름다움과 정밀한 묘사, 그리고 순간적으로 변화하는 묘미로 유명해 내로라하는 한문학자들 역시 그의 글을 일컬어 난공불락의 요새라며 혀를 내두르곤 한다.

다음 글은 그의 문장론이 가장 두드러지게 드러난 것으로 그의 소품 중에서도 가장 백미白眉로 꼽힌다.

글을 잘 쓰는 사람이면 전쟁하는 법을 알 것이다. 비유하자면 글자는 군사요, 글 뜻은 장수이다. 제목이란 적국敵國이고, 고사의 인용이란 전장에 진지를 구축하는 것이다. 글자를 묶어서 구절을 만들고, 구절을 모아서 장을 이루는 것은 대오를 이루어 행군하는 것과 같다. 운韻에 맞추어 읊고 멋진 표현으로 빛을 내는 것은 징과 북을 울리고 깃발을 휘날리는 것과 같다. 앞뒤의 조응이란 봉화를 올리는 것이고, 비유란 기병이 기습 공격하는 것과 같다.

**－《연암집》〈소단적치인騷壇赤幟引〉**

그의 작품은 대부분 그가 살아온 삶을 토대로 쓰였다. 하지만 그의 생각이 그가 살았던 시대와 맞지 않았기에 《연암집》은 당대에 발간되지 못하다가, 그가 죽은 지 약 80년의 세월이 흐른 19세기 후반에야 주목받기 시작하였고, 1900년 김만식金晩植 등에 의해 처음 공개되었다. 그러나 그것 역시 초록抄錄(베껴서 모아놓음)한 것에 지나지 않았다.

저만을 위함은 양주陽朱와 같고, 남을 같이 사랑하기는 묵자와 같구나. 뒤주가 자주 비기는 안회顏回와 같고, 할 일 없이 나날을 보내는 것은 노자와 한가질세. 생각이 활달함은 장자와 같고 참선하기는 석가와 같다. 공손치 않음은 유하혜柳下惠와 같고, 술 잘하는 것은 유령劉伶과 흡사하다. 남에게 밥을 얻어먹는 것은 한신韓信과 같고, 잠을 잘 자는 것은 진박陳博과 같다. 거문고를 뜯는 것은 자상호子桑戶와 같고, 책을 짓는 것은 양웅陽雄과 같다. 자신을 견주기는 제갈공명과 같으니, 나는 거의 성인이 아닌가.

- 《연암집》

스스로에 대한 자평自評을 통해 자화상을 자못 소방하게 그려내고 있음을 알 수 있다.

인생 대부분을 가난과 은둔 속에서 보냈지만, 자신만의 방법으로 시대와 대결했던 그였기에 자신에 대한 자부심 역시 매우 높았으리라.

해는 저무는데 길도 모르고 사람의 그림자도 드물다. 아득히 갈 바를 모름이 우리와 다름없다.

- 《열하일기》〈막북행정록漠北行程錄〉

# 북벌에서 북학으로, 역사의 흐름을 바꾸다

**《열하일기》, 압록에서 열하까지 60일간의 그 뜨거운 기록**

연암 박지원은 마흔넷이 되던 해 건륭제의 칠순연을 축하하기 위해 사신으로 가는 삼종형 박명원의 수행원이 되어 꿈에도 그리던 청나라를 처음 방문하였다.

《열하일기》는 이때의 기록을 일기 형식으로 쓴 기행 문집이다. 이에 압록강 국경을 건너는 데서부터 시작하여 열하를 거쳐 8월 20일 북경에 다시 돌아오기까지 약 두 달 동안의 일을 마치 그림을 그리듯 자세하게 기록하고 있다. 주목할 점은 다른 연행록燕行錄(여행을 다녀온 기록)과 달리 독특한 구조와 표현을 갖추고 있다는 점이다. 이를 위해 그는 사실과 허구를 적절하게 배합하면서 서술 시점을 다양화하였고, 참신한 수법을 도입하여 기존의 관념을 깨뜨렸다. 특히 경치나 풍물 등을 단순 묘사하는 데 그치지 않고 이용후생利用厚生(북학파 사상가들이 강조했던 이념으로 백성들의 일상적인 생활에 이롭게 쓰이고, 삶을 풍요롭게 하는 것이야말로 실천적인 학문의 내용이라는 뜻) 측면에서 새롭게 조명하고 있다는 점에서 그 가치가 매우 높다고 할 수 있다.

《열하일기》첫머리를 장식하는 〈도강록渡江錄〉은 압록강에서 요양에 이르기까지 보름 동안의 여정을 기록한 글로 중국인들의 이용후생 사상에 대해 많은 관심을 드러낸 것이다. 하지만 청나라의 앞선 문물을 대할 때마다 경탄하면서도 낙후된 조선의 현실에 대해서는 울분을 드러내고 있다. 이에 산과 산으로 이어진 좁은 조선 땅을 벗어난 후 광활하게 펼쳐진 요동 벌판을 보고 다음과 같은 글을 남겼다.

칠월 초파일 갑신. 맑게 개었다. 정사와 한 가마를 타고 삼류하를 건너 냉정에서 아침을 먹었다. 십여 리를 가서 한 줄기 산모퉁이를 돌아 나오자 태복이가 갑자기 몸을 굽히고 종종걸음으로 말머리를 지나더니 땅에 엎드려 큰 소리로 말한다.

"백탑白塔이 보입니다."

태복이는 정진사의 말 구종꾼이다. 그러나 산자락이 아직도 앞을 가리고 있어 백탑은 보이지 않았다. 채찍질로 서둘러 수십 보도 못 가서 겨우 산자락을 벗어나자, 눈빛이 아슴아슴해지면서 갑자기 한 무리의 검은 공들이 오르락내리락하고 있었다.

나는 오늘에야 비로소 인생이란 것이 본래 아무 데도 기댈 곳 없이, 다만 하늘을 이고 땅을 밟고서야 걸어 다니기만 할 수 있는 것임을 알았다. 이에 말을 멈추고 사방을 돌아보다가 나도 모르게 손을 들어 이마에 얹고서 말하였다.

"좋은 울음 터로다, 한바탕 큰 울음을 울만하구나!"

– 《열하일기》 〈호곡장론好哭場論〉

좁디좁은 조선이라는 나라에서 살다가 일망무제—望無際(눈을 가리는 것이 없을 만큼 바라보아도 끝이 없이 멀고 먼 모습)로 펼쳐진 요동 벌을 바라보며 얼마나 가슴이 뛰었으면 '한바탕 울만 한 울음 터'라고까지 했을까. 이런 그의 심경은 〈야출고북구기夜出古北口記(한밤중에 만리장성을 통과하면서 느낀 감정을 적은 글)〉에서도 여과 없이 드러난다.

나는 무령산을 돌아 배로 광형하廣硎河를 건너 밤중에 고북구를 빠져나가게 되었다. 그 사이 밤은 이미 삼경이 되었다. 중관重關을 나와 말을 장성 아래 세우고 그 높이를 헤아려 보니 십여 길이나 되었다. 필연을 끄집어낸 뒤 술을 부어 먹을 갈아 후 성을 어루만지며 글을 썼다.

"건륭 45년 8월 7일 밤, 삼경에 조선 박지원이 이곳을 지나다."

그리고는 이내 크게 웃으면서 이렇게 말했다.

"나는 서생일 뿐이로구나. 머리가 희어서야 한 번 장성 밖을 나가게 되니."

만리장성을 나가면서 자신의 처지를 생각해보니, 나이 마흔이 넘도록 아무 벼슬도 하지 못했을 뿐만 아니라 반당伴當(한가롭게 유람하는 사람)이라는 군졸 신분으로 연행에 참여하고 있을 뿐이었다. 그러니 가슴이 얼마나 허

전했을까.

## 변화하는 당대 사회의 흐름을 고스란히 담다

남만주를 통과할 무렵, 연암은 말 위에서 잠시 졸다가 낙타가 지나가는 것을 보지 못하였다. 나중에야 그 사실을 알게 된 그는 "앞으로는 무엇이든 처음 보는 것이 있으면 잠을 자건 밥을 먹건 반드시 내게 와서 일러주게." 라고 말한 후 아주 사소한 일도 빠뜨리지 않고 하나하나 자세히 기록하였다.

이를 통해 그가 이 여행을 광대한 문명의 중심으로 나아가는 것으로 보았으며, 한순간도 헛되이 보내지 않으려고 했음을 알 수 있다. 특히 신광녕新廣寧에서 산해관山海關에 이르는 9일간의 여정을 기록한 《일신수필馹汛隨筆》을 보면 그 마음을 여실히 엿볼 수 있다.

그는 천 리를 오면서 무수한 수레를 보았고, 그 수레를 활용하고 있는 청나라와 청나라 사람들이 내심 부러웠다. 당시 조선 사대부들은 "우리나라는 길이 험해서 수레를 쓸 수 없다." 라면서 길을 닦을 생각조차 하지 않았다. 이에 조선에 수레가 다니지 못하는 이유를 사대부들의 허물로 보았다. 그들은 글을 읽을 때는 유려한 수사로 묘사된 풍광과 제도에 반하면서도 그것을 만드는 기술이 어떤지에 대해서는 전혀 관심조차 없었다.

그가 《열하일기》에 딱딱한 의론만을 펼친 것은 아니다. 곳곳에 재기발랄하고 유머러스한 표현을 심어두었다. 특히 북경에서 열하에 이르는 5일간의 기록인 〈막북행정록〉의 한 대목은 매우 인상적이다.

"옛사람들이 위태로운 것을 말할 때 맹인이 애꾸 말을 타고 밤중에 물가에 서 있는 것이라고 하지 않았소. 정말 오늘 밤 일이 그러하구려."

나는 이렇게 대답하였다.

"그것이 위태로운 일이기는 하지만 위태로움을 잘 아는 것이라고는 할 수 없을 걸."

그러자 그들이 그 이유를 물었다.

"어째서 그렇단 말씀이지요?"

"맹인이 볼 수 있는 자는 눈이 있는 맹인이라 맹인을 보고 스스로 그 마음에 위태롭게 여기는 것이지, 결코 맹인이 위태로운 물을 아는 것이 아니기 때문이네. 맹인의 눈에는 어떤 위태로움도 보이지 않는데 무엇이 위태롭다고 하는가?"

그러자 일행은 서로 껄껄대며 웃었고, 연암 역시 얼굴 가득 환한 미소를 지었다.

**- 《열하일기》 〈막북행정록〉**

《열하일기》에는 변화하는 당대 사회의 흐름이 고스란히 담겨 있다. 이에 연암은 물신주의가 만연하던 조선 후기의 모습을 다음과 같이 풍자하였다.

옛날에 도둑 세 명이 함께 남의 무덤 하나를 파서 금을 도적질하고는 저희끼리 말하기를,

"오늘은 피곤하니 돈을 많이 번 판에 어찌 술 한 잔 사오지 않겠나?"

그러자 그중 한 명이 선뜻 일어나 술을 사러 가면서 마음 속으로 이렇게 다짐하였다. '하늘이 시키는 좋은 기회다. 금을 세 명이 나누는 것보다 내가 독차지하는 게 좋을 게야.'

그러고는 술에 독약을 타 가지고 돌아왔는데, 남아 있던 도둑 둘이 갑자기 일어나 그를 때려죽이고는 술을 마신 후 금을 반씩 나누려고 하였다. 그러나 얼마 못 가 독주 때문에 무덤 곁에서 죽고 말았다.

아아, 슬프다! 이 금은 길가에서 굴러다니다 다시 다른 사람이 주워 얻게 될 것이고, 금을 얻은 자는 하늘에 감사를 드리면서도 이 금이 무덤 속에서 파낸 금이고, 독약을 먹고 죽은 사람들의 유물이며, 몇천 몇 백 명을 독살했는지 모를 것이다.

**–《열하일기》〈황금대기〉**

이는 지금도 여전히 통용通用된다. 자기 것에 만족하지 못한 채 남의 것을 탐내면서도 그것을 잘못이라고 여기지 않는 세대, 그러다 보니 돈이 신의 역할을 하고, 최고의 가치로 여겨지는 시대에 이르렀기 때문이다.

이처럼 《열하일기》는 당대 문단을 뒤흔들었을 뿐만 아니라 오늘날에도 다시없을 기문奇文으로 평가받고 있다. 상상을 뛰어넘는 풍자와 해학, 고문체와 패관소설체를 망라하는 다채로운 문체를 이용해 장면 하나하나를 마치 살아 있는 듯 입체적으로 생생하게 묘사했기 때문이다.

## 18세기 조선과 청의 사상과 역사가 집약된 귀중한 유산

앞서 언급했듯이 《열하일기》가 문제가 된 것은 청의 연호를 곳곳에서 사용했기 때문이다. 이는 당대 조선 사대부들의 중국관이 어땠는지 보여주는 것으로 《열하일기》 안에서도 이런 대목을 쉽게 찾을 수 있다.

연암은 〈허생전許生傳〉을 통해 말만 앞세우는 조선 선비들의 존명배청 풍조를 통렬하게 비판하였다.

옛날 번어기樊於期(중국 춘추전국시대 진나라에서 연나라로 망명한 장수)는 사사로운 원수를 갚기 위해 자신의 목을 자르는 것을 아끼지 않았고, 무령왕武靈王(중국 춘추전국시대 조나라 왕)은 나라를 강하게 만들기 위해 오랑캐 옷 입기를 부끄럽게 여기지 않았거늘, 이제 너희들은 명을 위해 원수를 갚고자 하면서 그까짓 상투 하나를 아낀단 말이냐? 또한, 장차 말달리기, 활쏘기, 돌 던지기를 해야 함에도 넓은 소매를 고치지 않고 제 딴에는 그것이 예법이라고 한단 말이냐?

아울러 당시 집권층에 의해 제창되었던 북벌론을 비판하면서 조선 사회의 문제점을 조목조목 지적하기도 하였다.

《열하일기》는 조선 선비 박지원이 쓴 단순한 기행문이 아니다. 18세기 청과 조선의 사상과 역사가 집약된 귀중한 유산이기 때문이다. 나아가 이를 통해 집대성된 사상은 그의 제자 박제가에 이르러 꽃을 피웠으며, 이후 박

규수, 오경석, 박영효 등에 이르러 개화의 이념으로 발전하였을 만큼 당시로써는 획기적인 것이었다고 할 수 있다.

아, 사람의 두려움은 눈과 귀에서 오는 것이구나. 눈으로 보고, 귀로 듣는 것이 자세하면 자세할수록 병이 깊어지는구나. 마음을 그윽하게 가지면 눈과 귀가 피해를 주지 않겠구나. … (중략) … 설령, 강물에 빠진다고 하더라도 강물을 땅으로 삼고, 몸으로 삼고, 성품으로 삼으리라.

－《열하일기》〈도강록〉

## ● 박지원 연보 ●

- 1737년(영조 13년) 서울 반송반 야동에서 사유의 아들로 태어났으나 아버지가 절명해
  할아버지 필균에 의해 양육됨

- 16세_1752년(영조 28년) 전주 이 씨 보천의 딸과 혼인. 처숙 이양천에게 글을 배움

- 20세_1756년(영조 32년) 《마장전》, 《예덕선생전》을 씀

- 28세_1764년(영조 40년) 《양반전》을 씀

- 34세_1770년(영조 56년) 사마시 초장과 종장에서 모두 장원을 차지. 영조의 극찬을 받
  음. 하지만 그 후 다시는 과거를 보지 않음

- 41세_1777년(정조 1년) 홍국영에 의해 벽파로 몰려 연암협으로 거처를 옮김

- 44세_1780년(정조 4년) 《허생전》, 《호질》씀. 삼종형 박명원이 진하사가 되어 청에
  갈 때 동행, 기행문집인 《열하일기》를 씀

- 50세_1786년(정조 10년) 정조의 특명을 받아 선공감 감역을 지냄

- 55세_1791년(정조 15년) 한성부 판관을 거쳐 안의현감을 지냈으나 모함을 받아 강등

- 56세_1792년(정조 16년) 문체반정 발발

- 57세_1793년(정조 17년) 〈열녀 함양박씨 병서〉 씀

- 59년_1795년(정조 19년) 해인사 구경 후 장편시 〈해인사〉를 씀

- 61세_1797년(정조 21년) 면천군수를 지냄

- 63세_1799년(정조 23년) 왕명을 받아 농서 《과농소초》집필

- 69세_1805년(순조 5년) 서울 재동 집에서 절명

正義

애민의 마음을 실천한 조선 최고의 개혁주의자, 정약용

# 법이란 누구에게나 공평해야 한다

"온 세상이 썩은 지 오래다. 부패하다 못해 썩어 문드러졌다.
지금 당장 개혁하지 않으면 나라가 반드시 망하고 말 것이다."

다산茶山 정약용丁若鏞은 18세기 실학사상을 집대성한 조선 최고의 실학자이자 개혁가이다. 그는 개혁과 개방을 통해 부국강병을 주장하였다. 그가 당대 최고의 실학자가 될 수 있었던 요인은 시대의 문제점을 정확히 파악하고 그에 대한 구체적인 개혁 방향을 제시하였기 때문이다.

다산을 떠올리면 오랜 시간 겪어야 했던 유배를 말하지 않을 수 없다. 18년이라는 긴 유배는 그에게 깊은 좌절을 안겨줬지만, 최고의 실학자가 된 밑거름이 되기도 하였다. 하지만 그는 유배라는 정치적 탄압까지도 '학문을 하라'는 하늘의 뜻으로 받아들였고, 마침내 〈다산학茶山學〉이라는 한국사에 다시 없을 거대한 실용의 학문을 탄생시켰다.

그는 영조대였던 1762년 아버지 정재원丁載遠과 해남 윤 씨 사이에서 넷째 아들로 태어났다. 그의 선조들은 8대를 연이어 문과에 급제하여 옥당玉

堂(홍문관의 별칭)에 들었는데, 고조부와 증조부, 조부 3대에 이르러 남인이라는 이유만으로 벼슬에 오르지 못하였다. 그러나 정조가 즉위하면서 다시 벼슬길이 트였고, 그의 아버지 정재원 역시 음관蔭官(과거를 거치지 않고 조상의 공덕에 의하여 벼슬을 맡음)으로 진주목사가 될 수 있었다. 어머니 해남 윤 씨는 고산 윤선도의 직계 후손으로 공재恭齋 윤두서尹斗緖의 손녀였다. 다산이 자신의 글 곳곳에서 '우리 고산 선생, 우리 공재 선생'이라고 부르며 그들을 높인데는 이런 연유가 있었다.

## 뛰어난 기억력, 모든 학문에 통달하다

그가 태어나던 해 조선을 발칵 뒤집어 놓은 사건이 하나 일어났다. 정조의 아버지 사도세자가 영조의 노여움을 사 뒤주에 갇혀 죽은 것이다. 그 후 조정은 사도세자를 동정하는 시파와 반대하는 벽파로 나뉘었고, 두 당파의 권력 투쟁은 조선 정치사에 큰 영향을 미치며 그의 생애에도 깊은 그늘을 드리우고 말았다.

네 살 무렵 천자문을 배우기 시작한 그는 어려서부터 남달리 문장이 뛰어났다.

작은 산이 큰 산을 가리니

멀고 가까운 거리가 같지 않음이로다.

小山蔽大山

遠近地不同

- 《다산시문집茶山詩文集》

이는 그가 일곱살 때 쓴 〈산〉이라는 시다. 그의 아버지 정재원은 이를 보고 아들이 역법과 산수에 능통할 것을 예감하며 매우 기뻐하였다고 한다. 이렇듯 그는 어린 시절부터 매우 영특하였던 것으로 알려져 있다. 매천梅泉 황현黃玹이 쓴 〈정약용의 기억력〉이라는 글을 보면 그 재능을 능히 짐작해 볼 수 있다.

정약용은 기억력이 매우 뛰어났는데 사람들은 이를 계곡谿谷 장유張維에 견주었다. 정승 이서구李書九가 어느 날 영평永平(지금의 경기도 포천)에서 대궐로 오다가 길에서 한 소년이 한 짐의 책을 말에 싣고 북한산에 있는 절로 가고 있는 것을 보았다. 그런데 십여 일 후 고향으로 돌아가는 길에 다시 그 소년을 만났다. 이상하게 생각한 그는 소년을 향해 물었다.

"너는 누구인데 책을 읽지는 않고 가거니 오거니 하고만 있단 말이냐?"

"저 책들은 모두 읽은 것입니다."

깜짝 놀란 이서구가 소년을 향해 다시 물었다.

"그렇다면 지금 싣고 가는 게 무슨 책이더냐?"

"《강목綱目《자치통감강목》을 일컫는 것으로 중국 역사를 다룬 방대한 책)》입니다."

"《강목》을 어떻게 십여 일 만에 다 읽을 수 있단 말이냐?"

"읽었을 뿐만 아니라 외울 수도 있습니다."

이에 수레를 세우고 시험해봤더니 완벽하게 배송背誦(책을 펼쳐놓고 돌아앉아 서 외는 것)하는 것이었다. 그 소년이 바로 정약용이었다.

－《매천야록梅泉野錄》

## 서학西學을 접하다, 학문의 목표를 찾다

1776년 열다섯이 된 그는 그해 2월 경상우도 병마절도사를 지낸 홍화보洪 和輔의 딸과 결혼하였다. 이후 처가를 방문하기 위해 서울을 자주 드나들던 그는 이가환 등을 통해 이익의 책을 접하게 되었다. 공리공론이 아닌 현실 문제를 다룬 이익의 책을 읽으면서 그는 평생을 통해 추구할 학문의 방향을 비로소 찾게 되었다. 그러던 중 영조가 세상을 떠나고 정조가 즉위하였다.

정조는 벽파를 멀리하고 시파를 등용하기 시작하였는데, 그의 아버지 정재원 역시 이 흐름을 타고 호조좌랑에 임명되었다가 얼마 후 화순현감 이 되었다. 이에 그는 아버지를 따라 호남으로 내려갔고, 화순 적벽과 무등 산 등지를 돌아다니며 심신을 수련하였다. 또한, 형 정약전丁若銓(정약용의 둘째 형)과 함께 동림사東林寺에서 얼음을 깨뜨려 세수하며 학문에 매진하기도 하였다.

1782년 본격적으로 과거 공부에 몰두하게 된 그는 일 년 만에 과거에 급 제하였고, 곧 생원이 되어 태학에 들어갔다. 그리고 1785년 고향에서 큰형

수의 제사를 지내고 돌아오던 길에 광암曠菴 이벽李檗으로부터 처음 서학에 대해서 듣고 책을 얻어 보게 되었다. 훗날 그가 쓴 글에 따르면, 서학을 접한 후 넓게 알고 신기한 것을 좋아하던 성격 때문에 여러 사람에게 자랑하는 등 상당히 몰두했다고 한다.

1785년 이른 봄, 그는 이벽의 주재로 명례방(지금의 명동성당 자리) 김범우金範禹의 집에 수십 명이 모여 설법 집회를 가졌다. 그런데 그만 형조에서 현장을 덮치고 말았다. 이에 그와 그 형들을 비롯해 이승훈李承薰, 권일신權日身 등 서학의 핵심 멤버가 모두 붙잡히고 말았다. 이를 을사추조적발사건乙巳秋曹摘發事件이라고 한다. 이때 김범우는 지독하게 매를 맞고 밀양으로 귀양을 가서 죽고 말았다. 이로써 그는 한국 천주교 사상 최초의 순교자가 되었다.

형조에서는 이벽, 이승훈, 권일신, 정약용 등 명문가 출신들에 대해서는 관대한 처분을 내렸다. 하지만 각자의 문중에서의 추궁은 그리 만만치 않았다. 가장 혹독하게 질타 받은 사람은 이벽이었다.

이벽의 아버지 이부만李浮萬은 경주 이 씨 문중회의에 여러 번 불려가 "오랑캐의 법도를 가르치는 사문난적斯文亂賊을 족보에서 지우겠다." 라는 협박을 수차례 받았다. 당시에는 족보에서 이름이 지워지면 양반의 지위를 잃은 것은 물론 관직에서도 쫓겨나야 했다. 이부만은 고심 끝에 대들보에 노끈을 걸어 목을 매달았다. 이에 깜짝 놀란 이벽은 "그렇다면 다시는 나가지 않겠다." 라며 한발 물러섰다. 그 후 식음을 전폐한 이벽은 1785년 음력 6월 14일, 보름 동안 방 안에서 기도와 명상을 하다가 탈진해서 죽고 말았다.

이벽의 죽음은 다산에게도 큰 충격을 주었다. 이에 그의 죽음을 슬퍼하며 다음과 같은 만장輓章(죽은 사람을 슬퍼하여 지은 글을 비단 천이나 종이에 적어 깃발처럼 만든 것)을 남기기도 하였다.

선학이 인간 세상에 내려오니
흔연히도 신선의 풍채를 보였네
깃과 날개는 희기가 눈 같으니
닭과 집오리들이 골내고 샘을 하네
울음소리는 우렁차서 구천을 진동시키고
날이 밝자 풍진을 나서려는 때
홀연히 가을바람에 날아가 버리니
하염없이 슬퍼한들 무슨 소용이 있으랴.


仙鶴下人間
軒然見風神
羽翮皎如雪
鷄鶩相嫌嗔
塢聲動九霄
曒亮出風塵
乘秋忽飛去
怊悵空勞人

**- 《다산시문집》 제4권**

## 정조와의 만남, 출세 가도를 달리다

을사박해의 회오리바람 속에서도 다행히 그의 집안은 무사했다. 그러던 중 그의 나이 스물셋이 되던 1784년 정조는 성균관 유생들에게《중용中庸》의 해석에 관한 70개의 의문점을 제시한 후 이에 대한 답변을 요구한다. 이때 그가 내놓은《중용》강의가 정조의 마음을 사로잡았고, 그때부터 "정약용 뒤에는 이인異人이 있다." 라는 이야기가 나돌게 되었다.

1789년 봄, 대과에 2등으로 급제한 그는 초계문신抄啓文臣(정조 시대 규장각에 특별히 마련된 교육 및 연구 과정을 밟던 문신)의 칭호를 얻으며 예문관 검열에 임명되었다. 하지만 며칠 후 선임과정에 문제가 제기되어 충청도 해미로 최초의 유배를 떠나게 된다. 고작 열흘밖에 되지 않았지만 그에게는 꽤나 큰 충격이었다.

유배에서 풀려난 그는 얼마 후 한강에 배다리를 놓는 공사의 규제規制를 만들어 임금에게 올렸고, 이를 계기로 정조부터 큰 신임을 받게 되었다. 당시 정조는 수원에 있는 아버지 사도세자의 묘(현륭원)를 자주 참배했는데 중국이나 일본과 달리 주교를 놓는 기술을 갖추지 못해 몹시 안타까워하던 참이었다. 그도 그럴 것이 정조의 현륭원 능행은 단순한 행차가 아니었다. 노론 벽파의 모함으로 영조에게 죽임을 당한 아버지를 신원하는 것은 당시 주류 세력이었던 벽파의 기세를 꺾는 일임과 동시에 왕권을 다시 세우는 일이기도 했기 때문이다.

1792년 그는 왕명을 받들어 화성성제華城城制를 지어 올린 후 화성의 설계도를 작성하였다. 그리고 홍문관 수찬으로 복귀한 후 곧 경기도 암행어사가 되어 지방을 돌면서 헐벗고 굶주린 채 수탈당하는 백성들의 참상을 있는 그대로 보게 되었다. 민초들의 고통에 대한 막막한 슬픔과 현실에 대한 분노를 담은 그의 시들은 대부분 이때 쓰였다.

하지만 출세 가도를 달리던 그에게 예기치 않은 사건이 일어나고 만다. 1795년 4월, 중국인 신부 주문모朱文謨의 밀입국 사건이 발생한 것이다. 이에 그 역시 천주교 신자로 몰려 좌천당하게 되었을 뿐만 아니라 품계가 한꺼번에 여섯 개나 내려가는 수모를 겪어야만 했다. 이때 그는 온양 봉곡사에서 강학회를 주관하며 이익의 유고를 정리하였다.

그러나 얼마 후 정조는 그를 다시 불러들인다. 하지만 그것도 잠시. 또다시 천주교 문제로 탄핵을 받아야 했다. 그리고 얼마 후 "마침내 마음을 끊었다." 라는 내용이 담긴 장문의 변론 상소를 올린 후 사직하고 만다. 그러나 정조는 또다시 그를 불러낸다. 할 수 없이 두 해 남짓 곡산부사로 일하면서 그는 군포를 감하고 호적을 고치는 등 오랫동안 생각해온 바를 본격적으로 실행에 옮겼다. 이에 당시 전국적으로 천연두가 창궐하자《마과회통麻科會通》을 지어 우리 역사상 최초로 종두법을 소개하기도 했는데, 이는 슬하에 9남매를 두었지만 여섯을 천연두로 잃게 된 그의 가족력과도 관계가 있었다.

1799년 그는 다시 내직으로 불려 들어가 형조참의에 제수되었지만 반대파의 공세로 3개월 만에 물러나고 말았다. 이것이 그의 마지막 벼슬이었다.

## 정조의 죽음, 절망과 시련의 시작

1800년 가족과 함께 고향 마재에서 평화로운 나날을 보내던 그에게 충격적인 소식이 전해졌다. 그를 끔찍이도 아끼고 총애하던 정조가 갑작스레 세상을 떠난 것이다. 그에게는 하늘이 무너지는 듯한 슬픔이자 아픔이었다.

> 운기雲旗, 우개羽蓋 펄럭펄럭 세상 먼지 터는 걸까
> 홍화문弘化門 앞에다 조장祖帳을 차리었네
> 열두 전거輇車에다 채워둔
> 우상 말塑馬이 일시에 머리 들어 서쪽을 향하고 있네
> 영구 수레龍輴가 밤 되어 노량露梁 사장 도착하니
> 일천 개 등촉들이 강사絳紗 장막 에워싸네
> 단청한 배 붉은 난간은 어제와 똑같은데
> 임의 넋은 어느새 우화관于華館으로 가셨을까
> 천 줄기 흐르는 눈물 의상衣裳에 가득하고
> 바람 속 은하수도 슬픔에 잠겼어라
> 성궐은 옛 모습 그대로 있건만
> 서향각 배알을 각지기가 못하게 하네.

**–《다산시문집》 제4권 〈빈소를 열고 발인하는 날 슬픔을 적다〉**

정조 사후 조정은 벽파가 주도권을 장악하였고, 어린 임금 순조를 대신해 정순대비 김 씨가 수렴청정垂簾聽政(조선시대 어린 왕이 즉위하였을 때 왕실의 가장 어른인 대비가 국정 운영에 참여하는 정치제도)을 하게 되었다. 하지만 상황이 급변하였다. 벽파와 연합전선을 맺고 있던 남인 공서파攻西派(남인 벽파. 서양을 공박하는 학파)가 신서파信西派(남인 시파. 서양을 긍정하는 학파)를 몰아붙이기 시작한 것이다. 이에 일 년 전 병사한 시파의 영수 채제공의 관직을 추탈한다느니, 신서파는 모두 천주교 신자라느니 하면서 옥사를 일으키려고 하였다. 그리고 그 예상은 적중하였다. 1801년 정순대비 김 씨가 마침내 천주교 탄압을 목적으로 사학금령邪學禁令을 선포한 것이다. 그 결과, 3백여 명의 죄 없는 목숨이 또다시 희생되어야만 했다. 이른바 신유사옥辛酉邪獄(신유박해라고도 함)이었다.

불운은 그의 집안에도 몰아닥쳤다. 그의 셋째 형 정약종丁若鍾이 천주교의 성물과 외국인 신부와 교환했던 서찰 등을 안전한 곳으로 운반하려다가 한성부 포교들에 의해 압수당하는 사건이 벌어진 것이다. 이에 사헌부는 이가환, 이승훈, 정약용을 국문하라는 상소를 올리기에 이른다.

이가환은 화심禍心을 가슴에 감추고 원한을 품은 사람들을 유인해서 자신이 교주가 되었습니다. 이승훈은 그의 아버지가 사온 요서妖書를 전파하고 괴로움을 당하더라도 교리를 보호하는 것을 가계家計로 삼았습니다. 정약용은 본래 이가환, 이승훈과 한통속이 되어 협력하였습니다. 그의 죄상이 이미 드러났을 때는 상소로 자백하여 다시는 믿지 않겠다고 입이 닳도

록 맹세했으나 남모르게 요물을 맞아들이며 오히려 예전보다 더 심해졌으

니 이는 임금을 속인 것입니다.

-《다산시문집》

그러나 이가환은 자신이 천주교 교주가 아님을 극구 변론하였고, 이승

훈 역시 천주교와 관련 된 모든 책을 불살랐으며, 반성문을 짓고, 다시는 천

주교를 믿지 않겠다고 맹세하였다. 그러나 이가환과 권철신權哲身은 고문을

이기지 못한 채 옥사하고 말았다. 또한, 이승훈, 정약종, 최필공崔必恭, 홍교

만洪教萬 등 초기 천주교의 주축들 역시 서소문 밖에서 효수되었으며, 3월

11일에는 청나라 신부 주문모가 의금부에 자수한 후 처형되었다. 그나마

다행인 것은 다산과 그의 형 정약전은 죽음의 위기에서 벗어나 귀양길에

올랐다는 것이다.

당시 그는 국문을 받으면서 이렇게 말하였다고 한다.

"위로 임금을 속일 수 있겠습니까? 아닙니다. 그렇다면 형을 증언할 수

있겠습니까? 그 또한 불가합니다. 형제 사이란 애초에 무거운 것이니, 어떻

게 나 혼자만 죄가 없다고 할 수 있겠습니까? 그러니 함께 죽여주기를 바랍

니다."

신유년에 일어난 이 천주교 탄압 사건을 신유사옥辛酉邪獄 또는 신유교옥

辛酉教獄이라고 불린다. 그러나 다산은 이 사건을 신유사화라고 명명하였다.

그리고 그 여파는 계속되었다. 그해 가을, 황사영黃嗣永 백서사건帛書事件이

일어난 것이다. 이는 제천에 숨어 있던 천주교도 황사영이 중국에 있는 프

랑스 선교사에게 보내려고 했던 편지가 발견된 것으로, 편지의 내용은 조선 왕이 천주교 박해를 중지하도록 선교사들이 청 황제에게 청원을 넣어 달라는 것이었다. 이로 인해 전국에 다시 피바람이 불었다.

황사영은 즉각 체포되어 능지처참을 당했고, 그의 어머니와 부인은 각각 거제도와 제주도로 쫓겨나 종살이를 해야 했으며, 세 살짜리 아들은 홀로 추자도에 버려졌다.

다산과 그의 형 정약전은 그해 10월 유배지에서 압송되어 다시 서울의 감옥에 갇혔다.

"천 명을 죽이더라도 정약용 한 사람을 죽이지 않으면 아무도 죽이지 않은 것과 같다."라는 것이 당시 공서파의 논리였다. 그러나 이에 대한 반론 역시 만만치 않았다. "법을 위반하여 범죄를 저지른 사실이 없는데 어떻게 죽인다는 말인가."라는 것이 바로 그것이었다. 이에 다산 형제는 다시 한 번 죽음의 위기에서 벗어날 수 있었다. 하지만 그는 전라도 강진으로, 정약전은 흑산도로 유배를 보내라는 어명이 떨어졌다.

11월 5일 형제는 다시 먼 유배 길을 떠났다. 이에 두 형제는 산발한 채 오랏줄에 함께 묶여 먼 남도로 향하게 되었다. 한강을 건너고, 금강과 갈재를 넘어선 두 사람은 나주 율정점栗亭店에 닿았다. 그리고 그곳에서 헤어져 살아서는 다시 만나지 못하였다.

살아서는 증오한 율정점이여
문 앞에는 갈림길이 놓여 있었네

본래가 한 뿌리에서 태어났건만

흩날려 떨어져 간 꽃잎 같다오.

천지를 넓게 볼 양이면

모두가 한 집안이건만

좀스레 내 꼴 내 몸만 살피자니

슬픈 생각 언제나 가이 없지.


生憎栗亭店

門前歧路叉

本是同根生

分飛似落花

曠然覽天地

未嘗非一家

促促視形軀

惻怛常無涯

-《다산시문집》제5권 〈율정별리栗亭別離〉


　이는 형 정약전이 죽은 지 2년 후 귀양에서 풀려난 그가 율정점 주막을
지나면서, 먼저 저승 사람이 되어 이 길목을 지나갔을 형을 생각하며 읊은
시로 많은 이들의 가슴을 저리게 한다.

## 다산학, 남도 끝자락에서 꽃을 피우다

나주 강나루를 건너 강진에 도착한 다산은 동문 밖 한 노파의 집에 거처를 정했다. 낡고 남루하기 그지없는 곳이었다.

그는 이곳에 사의재四宜齋라는 이름을 붙이고 그곳에서 네 해를 머물며 《상례사전喪禮四箋》을 남겼다. 그리고 그 서문에 이렇게 썼다.

방에 들어가면서부터 창문을 닫고 밤낮으로 외롭게 혼자 살아가니 누구 하나 말 걸어주는 사람이 없었다. 그러나 오히려 기뻐서 혼자 좋아하기를 '나는 여유를 얻었구나.'라면서 《사상례士喪禮》 3편과 《상복喪服》 1편 및 그 주석을 꺼내다가 정밀하게 연구하고 세밀하게 탐색하면서 먹고 자는 것을 잊었다.

1805년 겨울, 그는 거처를 고성사高聲寺 보은산방寶恩山房으로 옮기고 《주역》 공부에 전념하였다. 그리고 다음 해 가을에는 애제자 이청李晴의 집에 머물게 되었다.

다산초당으로 거처를 옮긴 것은 유배생활 8년째 되던 1808년 봄이었다. 초당은 본래 귤동에 살던 윤단尹博이 산속에 지은 정자였다. 유배생활이 몇해 지나면서 삼엄했던 관아의 감시가 어느 정도 누그러지자 그의 주변에는 자연스럽게 제자들이 모여들었다. 그중 윤단의 아들인 윤문거尹文擧(자는 규로奎魯) 형제가 있었는데, 그들이 다산을 그곳으로 모신 것이다. 마침 그의 어머니가 해남 윤 씨였으니, 외가 쪽으로 먼 친척뻘이 되기도 했다.

다산초당으로 거처를 옮긴 그는 본격적으로 학문 연구와 저술활동에 몰두한다. 특히 그즈음 유배 초기에는 의도적으로 멀리했던 해남 연동리 외가에서도 여러 가지 도움을 받을 수 있었는데, 그중 가장 큰 도움은 윤선도에서 윤두서대에 이르는 동안 쌓였던 수많은 책을 가져다 볼 수 있는 것이었다.

그 무렵, 그는 고향에 있는 아들들에게 편지를 보내기도 하였다.

폐족의 자제로서 학문마저 게을리한다면 장차 무엇이 되겠느냐. 과거를 볼 수 없는 처지가 되었지만, 이는 오히려 책을 읽을 기회를 얻었다고 할 것이다. … (중략) … 너희들이 만일 독서를 하지 않는다면 내 책들은 쓸모가 없어질 것이고, 내 글이 전해지지 못한다면 후세 사람들이 다만 사헌부의 탄핵문과 재판 기록만으로 나를 평가할 것이다.

-《다산시문집》

유배지에서 피로 써 보낸 이 편지는 다산이 당시 하루를 살아가는 삶의 자세이자 다짐이었을 것이다.

그는 다산초당에서 나무 한 그루, 풀 한 포기 병들지 않은 것이 없는 이 땅과 그 병의 근원을 깊이 들여다보았다. 암울하고 절망적인 한 시대를 개혁하고자 했던 그였지만 당시 그가 할 수 있는 일이라곤 오로지 책을 쓰는 것밖에 없었다.

1809년 나는 다산초당에 있었다. 그 해 큰 가뭄이 들었다. 겨울, 봄으로부터 서서히 가물더니 입추까지 새빨간 땅덩이만 천 리에 이어졌고, 들판에는 푸른 풀 한 포기 없었다. 6월 초순에 떠도는 백성들이 길을 메웠다. 마음이 쓰라려지고, 보기에 처참하여 살고 싶은 의욕마저 없어졌다. 생각해 보면 나야 귀양 와서 엎드려 있고 인류의 대열에도 끼지 못하여, 흉년 타계의 계책을 건의할 지위도 없고 백성들의 처참한 상황을 그림으로 그려서 올려 바칠 수도 없는 실정이다.

-《다산시문집》

애민의 길을 묵묵히 걸어가면서 당시 백성들이 직면했던 현실을 시로 남기기도 하였다. 그중 백미는 〈애절양哀絶陽〉이다. 소외되고 착취당하는 민중들의 고통을 보다 못한 그는 시로써 그들의 질곡의 삶에 동참하였다.

갈밭마을 젊은 아낙 구슬피 통곡하네
현문 향해 울다가 하늘 보고 울부짖네
전쟁에 나간 남편이 못 돌아올 수는 있지만
예로부터 남근 잘랐다는 말은 들어보지 못했다네.

시아버지는 상(喪) 벗었고 애는 배냇물도 안 말랐는데
삼대의 이름이 군적에 올라 있네.
관가에 가서 호소해도 호랑이 같은 문지기 지키고 있고

이정里正(조선시대 지방 행정조직의 최말단 단위인 리의 책임자)은 호통 치며 마구간의
소를 몰고 갔다오.

칼을 갈아 방에 들어가서 남근을 자르니, 자리에 피가 가득
스스로 한탄하길 자식 낳아 이런 환란을 만났다고
잠실에서 궁형한 일 무슨 죄가 있어서인가
민閩 땅에서 환관시키려 자식 거세한 일도 슬픈 일인데.

생명을 낳는 이치 하늘이 준 것이고
건도乾道(남자의 도리)는 아들이 되고, 곤도坤道(여자가 지켜야 할 도리)는 딸이 되
는 것
말, 돼지 거세하는 것도 오히려 슬픈 일이거늘
하물며 백성들이 대 이을 것을 생각함에랴.

부잣집에선 한 해가 다하도록 풍악을 울리면서
낱알 한 톨 비단 한 치 바치는 일 없구나
다 같은 백성인데 왜 이리 불공평한가
유배지에서 거듭 시구편을 읊노라.

**- 《여유당전서》**

이렇듯 강진에서 보낸 18년의 유배생활은 다산 자신에게는 엄청난 불행

이었지만 그 인고의 세월에도 절대 붓을 놓지 않았다. 그 결과, 오늘날 우리
는 《목민심서》, 《흠흠신서欽欽新書》, 《경세유표經世遺表》를 비롯한 5백여 권에
이르는 그의 방대한 저서를 민족의 유산으로 가질 수 있게 되었다.

## 쓸쓸한 죽음, 백세百世 후를 기다리겠다

1818년 9월 18일, 이태순李泰淳의 간곡한 진정으로 마침내 유배가 풀린
다산은 고향 마재로 돌아갔다. 그러나 그가 고향으로 돌아왔을 때는 이미
많은 사람이 세상을 뜬 뒤였고, 집안에 남겨진 재산 또한 거의 없었다.

그는 회갑을 맞으며 자신의 일생을 정리한 〈자찬묘지명自撰墓誌銘〉을 지
었다.

알아주는 사람은 적고, 꾸짖는 자는 많으니, 만약 천명天命이 인정해주지
않는다면 비록 한 횃불로 태워버려도 좋다. 백세百世 후를 기다리겠다.

－《다산시문집》

이렇듯 그는 자신의 삶과 사상이 수용되지 않는 현실을 매우 안타까워
하였다.

내 병을 나 스스로 잘 알고 있다. 용기만 있지 지략이 없으며, 선을 좋아하

지만 가릴 줄 모르며, 마음 내키는 대로 즉시 행하기만 하지 의심하거나 두려워하지 않는다. 그만둘 수 있는 일인데도 마음속으로 기쁘게 느껴지면 그만두지 못하고, 하고 싶지 않은 일인데도 마음속에 꺼림칙하여 불쾌한 일이 있으면 하지 않을 수 없었다. 어려서 정신이 흐릴 때는 일찍이 서학으로 치달리면서도 의심이 없었고, 장성한 뒤에는 지나간 일에 대해 깊이 후회한다고 진술하면서도 두려워하지 않았다. 선을 끝없이 좋아했으나 비난을 받는 것은 유독 많았다.

아, 이 또한 운명이로다. 이것은 나의 본성 때문이니, 나 또한 어찌 감히 운명을 말할까 보냐.《노자》를 보니, "망설이면서 겨울 냇물을 건너는 것처럼 주저하면서 사방의 이웃을 두려워한다."고 했다. 아, 이 말이 내 병에 약이 되는 것이 아니겠는가?

**-《다산시문집》제13권 〈여유당기〉**

그의 말년은 이처럼 한 폭의 그림처럼 쓸쓸하고 조용하기 그지없었다. 그러나 나이가 들어서도 학문에 대한 열정만큼은 절대 식지 않았다. 이에 깊고도 깊은 자신만의 고독 속에서《흠흠신서》30권과《아언각비雅言覺非》3권의 저술을 마무리하였다. 또한, 73세의 나이에《상서고훈尙書古訓》과《지원록知遠錄》을 합쳐 21권으로 개정했으며,《매씨서평梅氏書平》을 완성하기도 하였다. 그리고 현종 2년인 1836년 2월 22일 마재 집에서 일흔다섯의 나이로 세상을 떠났다. 고향으로 돌아온 지 18년 만이었다.

집 뒤 동산에 매장하고, 지관에게 물어보지 말라. … (중략) … 묘 앞에는 비석과 망주를 세우지 말고 상석床石만을 두어라. 수의는 베 대신 무명으로 하며, 염할 때 몸을 끈으로 묶는 것은 신체에 대한 모독이니, 묶지 말고 몸을 편하게 관에 넣어라.

**– 다산이 죽기 전에 가족에게 남긴 유서, 《다산시문집》**

# 시대의 어둠을 밝힌 애민의 마음

### 자신에게 매우 엄격했던 원칙주의자

아버지께서 화순현 현감을 맡으신 다음 해인 1778년 겨울 나와 둘째 형 정약전은 동림사에서 지냈다. 중형은 《상서尚書》를 읽고 나는 《맹자》를 읽었다. 마침 그때는 쌀가루 같은 첫눈이 땅 위에 흩뿌려져 내렸고, 계곡에 흐르는 물이나 샘물로 얇게 살얼음이 얼었으며, 산림과 대나무 색깔은 푸른 듯차갑게 움츠려 있었다. 그러다 보니 새벽이나 저녁에 산책하노라면 정신이 맑고 숙연해졌다. 자고 일어나면 곧바로 계곡으로 달려가 이를 닦고 얼굴을 씻으며 식사 때를 알리는 종이 울리면 여러 비구승과 함께 늘어앉아서 밥을 먹곤 했다. 초저녁에 별이 뜨면 곧 등성이로 올라가 휘파람을 불고, 밤이면 중들이 외는 게송偈頌(불교적 교리를 담은 한시의 한 형태) 소리와 불경 읽는 소리를 들었다. 그러다가 다시 책을 읽었다. 그와 같이 날을 보낸 게 모두 40여 일이었다.

－《다산시문집》〈동림사적기東林寺蹟記〉

이 글을 보면, 다산은 이미 젊은 시절에 학문에 대한 깊은 열정이 마음과 몸에 깊이 배어 있었음을 알 수 있다. 이에 그는 예순이 넘어서도 그 시절을 회고하곤 했다고 한다.

학문하는 방법은 다섯 가지이다. 넓게 배우고, 따져서 묻고, 조심해서 생각하고, 명백하게 분변하고, 독실하게 실행하는 것이다.

－《다산시문집》 제11권 〈오학론〉

다산은 자기 생각을 구조화하여 경탄스러울 만큼 수많은 저작을 후대 사람들에게 남겼다. 이 때문에 그의 학문 세계는 아무리 깊숙이 파고들어도 그 깊이를 알 수 없는 광맥과도 같고, 아무리 올라도 그 정상에 오를 수 없는 신비한 산과도 같다.

그의 학문은 자신을 다스리는 수신으로부터 시작된다. 대부분의 사람은 자신에게 엄격하고 남에게 관대해야 한다고 여기면서도 실제로는 그렇지 못한 경우가 많다. 그런 면에서 다산은 매우 엄격한 사람이었다. 유배 시절, 그가 살았던 사의재에 관한 글을 통해 그 면모를 엿볼 수 있다.

사의재란 내가 강진에서 귀양살이하며 살던 방이다. 생각은 마땅히 맑아야 하니 맑지 못함이 있다면 곧바로 맑게 해야 한다. 용모는 마땅히 엄숙해야 하니 엄숙하지 못함이 있으면 곧바로 엄숙함이 몸에 배도록 해야 한다. 언어는 마땅히 과묵해야 하니 말이 많다면 곧바로 그치도록 해야 한다.

동작은 마땅히 후중하게 해야 하나, 만일 그렇지 못하다면 곧바로 더디게 해야 한다. 이런 이유로 그 방의 이름을 '네 가지를 마땅하게 해야 할 방'이라고 했다. 마땅함이라고 하는 것은 의로움에 맞도록 하고 의로움으로 규제하는 것이다. 나이만 들어가는 것이 염려되고 뜻을 둔 일은 사그라져 감을 서글프게 여기므로 나를 성찰하려는 까닭에서 지은 이름이다.

- 《다산시문집》

### 파란만장한 삶 속에서 완성된 대작들

총 5백여 권에 이르는 《여유당전서》는 육경사서·시문·잡저 등으로 분류할 수 있다. 그중 하나인 《목민심서》는 정치 개혁에 관한 것으로, 다산의 학문을 대표하는 가장 기본적인 저서라고 할 수 있다.

그는 《목민심서》 서문에 다음과 같이 썼다.

군자가 학문하는 것의 절반은 수신하기 위함이요, 절반은 목민, 즉 백성을 다스리기 위한 것인데, 요즘 지방관이라는 자들은 자신의 이익만 추구하는 데만 바쁘다. 이 때문에 백성들은 곤궁하고 피폐해져 떠돌다가 굶어 죽는 시체가 구렁텅이에 가득하건만 지방관 된 자들은 좋은 옷과 맛있는 음식으로 자기만 살찌우고 있다. … (중략) … 심서心書라 한 것은 무슨 까닭인가? 백성을 다스릴 마음은 있지만 (유배지에 있는 몸으로) 몸소 실행할 수가 없으므로 이렇게 이름 지은 것이다.

그리고 이 책에 중국과 우리나라의 여러 책에서 목민에 관한 사료들을 가려 뽑고 직접 보고 들은 여러 가지 폐단과 소견을 함께 적었다. 이를 통해 협잡과 부패로 인해 쇠퇴일로를 겪고 있는 정치와 백성의 궁핍한 삶을 개혁하고자 함이었다.

《흠흠신서》는 형법서로, 당시만 해도 옥사를 다스리는 데 참고할만한 책이 매우 적었다. 이에 재판에 직접 쓸 목적으로 이 책을 지었다. 하지만 그는 죄지은 사람들에게 형벌을 주는 것만이 능사가 아니라고 생각하였다. 이에 서문 마지막에 "흠흠欽欽이라고 한 것은 무슨 까닭인가? 삼가고 또 삼가는 것이 형벌을 다스리는 근본이기 때문이다." 라고 썼다. 그런 의미에서 이 책은 그의 생명 존중 사상이 가장 잘 드러난 저술이라고 볼 수 있다.

《목민심서》《흠흠신서》와 함께 그의 대표적인 저작으로 꼽히는《경세유표》는 국가 제도의 개혁안에 관한 것이다. 그는 이 책을 지은 동기에 대해서 다음과 같이 말한 바 있다.

"우리의 오래된 문물과 제도를 새롭게 개혁해보려는 생각에서 저술한 것이다."

매천 황현은 파란만장한 삶 속에서 완성된 다산의 광범위한 저작들에 대해서 다음과 같은 평을 남겼다.

백성을 살리고, 나라를 경영할 수 있는 유용한 학문으로 모두가 후세의 법이다. … (중략) … 우리 동방에서는 거의 전무후무하다 할 만하다. 유형

원, 이익의 학문과 견주어보면 더욱 넓힌 것이다.

- 《매천집》

### 시대를 아파하고, 세속에 분개했던 민본주의 사상가

다산은 당시 사대부들이 중국 문화를 무조건 숭배하고 사대주의 사상에 사로잡혀 있는 것을 비판하면서 자주적인 사상을 주창하기도 하였다.

> 중국中國이라는 '중中'은 어디를 기준으로 하여 '중'이라 하며, '동국東國'이라는 '동東'은 어디를 기준으로 하여 '동'이라 하는지 모를 일이다. … (중략) … 그러면 중국이란 무엇을 가지고 말하는가? 요·순·우·탕 같은 어진 임금의 정치가 있으니 중국이요, 공자·안자·맹자의 학문이 있으니 중국이라고 이른다. 그런데 오늘날 중국이라고 부를 까닭이 어디 있는가? 성인의 정치와 학문은 우리나라에 이미 옮겨온 것이니 하필 먼 데서 구할 것이 있는가?

그가 "나는 조선 사람이므로 조선 시를 즐겨 짓는다." 라고 말했던 것도 같은 맥락이었다. 그의 시 정신을 살펴보면 대체로 공자의 이념으로부터 비롯됨을 알 수 있다. 하지만 공자가 군자의 인격을 닦으면서 정서를 함양하려고 했던 것과 달리, 다산은 백성들의 현실을 있는 그대로 파악하여 그것을 문학으로 승화하고자 하였다. 이에 유배생활을 하던 무렵 조정의 고관

대작들이 "이理다, 기氣다." 라며 떠드는 공리공론의 성리학을 풍자하는 시를 여러 편 남기기도 했다.

> 요즈음 선비들 성리학설 즐겨 말하나
> 통치와는 얼음과 숯이라네.
> 산림에 숨어서 나오지도 못하고
> 나와 본들 남들의 웃음거리가 된다네.
>
> 마침내 경박한 사람들에게
> 공사의 중요한 일을 멋대로 맡긴다네.

-《다산시문집》

한편 그가 큰아들 학연學淵에게 보낸 편지를 보면 "자기 자신의 이해에 연연하면 그것은 시라 할 수 없다." 라는 글을 찾을 수 있다. 이는《여유당전서》에 나오는 말로, 시란 자신의 만족감을 위해 쓰는 것이 아닌 시대와 나라, 백성들의 아픔을 생각하며 써야 한다는 민본주의 사상을 담고 있다.

> 임금을 사랑하고, 나라를 근심하지 않으면 시가 아니고
> 시대를 아파하고, 세속을 분개하지 않으면 시가 아니며
> 아름다움을 아름답다 하고, 미운 것을 밉다 하며

선을 권장하고, 악을 징계하는 뜻이 없으면 시라고 할 수 없다.


不愛君憂國非詩也

不傷時憤俗非詩也

非有美刺勸懲之義非詩也

**－《여유당전서》**


### 인간의 삶에 유익한 실용과 실천의 학문 〈다산학〉

조선 역사상 가장 불행했던 아웃사이더는 과연 누구일까? 많은 사람이 있을 것이다. 하지만 그 으뜸은 단연 다산이 아닐까 싶다. 그가 사랑했던 형제들이나 그와 함께 공부했던 사람들 대부분이 세상을 뜬 뒤에도 그의 적들은 그를 향한 칼을 절대 거두지 않았다. 그 세월이 18년간의 유배생활과 집으로 돌아와 산 18년을 합쳐 무려 36년이었다. 그런 의미에서 그들로 인해 겪을 수밖에 없었던 시련과 절망이 그를 대학자로 만든 원동력이 되지 않았을까 싶다.

다산은 75세의 삶을 사는 동안 무려 500여 권에 이르는 방대한 저술을 남겼다. '한자가 생긴 이래 가장 많은 저술을 남긴 대학자'라는 위당 정인보의 말처럼 그는 위대한 사상가이자, 경세가였다. 연구 범위 역시 경전에서부터 정치·경제·법·의학·천문·농정 등 인간생활 거의 전 분야를 망라하고 있다. 이런 저작들 대부분은 18년이란 긴 유배생활 동안 쓰였다. 정치적

박해와 모함으로 인한 귀양살이의 고통을 학문으로 승화시킨 것이다. 그래서인지 그의 저작들은 대부분 인간에 대한 참다운 사랑을 담고 있다. 당시 지배이데올로기였던 성리학의 관념주의를 과감히 떨쳐버리고 인간의 삶에 유익한 실용과 실천의 학문을 강조한 것이다.

다산 개인의 입장에서 바라보면 그의 생애는 불운하기 이를 데 없다. 하지만 그의 불행으로 인해 우리는 우리 민족사에 길이 남겨질 〈다산학〉이라는 큰 학문을 하나 얻을 수 있게 되었다. 개인의 불행이 많은 사람을 이롭고 행복하게 하는 것, 그것을 과연 어떻게 봐야 할까. 참으로 어렵고 복잡한 물음이 아닐 수 없다.

담쟁이 험한 비탈 끼고 우거져
절간으로 드는 길 분명찮은데
응달에는 묵은 눈 쌓여 있고
물가엔 아침 안개 떨어지누나
샘물은 돌구멍에 솟아오르고
종소리 숲 속에서 울려퍼지네
유람길 예서부터 두루 밟지만
유기를 어찌 다시 그르칠 수야.

垂蘿夾危磴

不辨曹溪路

陰岡滯古雪

晴洲散朝霧

地漿湧嵌穴

鐘響出深樹

游歷自玆遍

幽期寧再誤

**《다산시문집》 제1권 〈수종사에 노닐며〉**

## ● 정약용 연보 ●

- 1762년(영조 38년) 경기도 남양주에서 진주목사를 지낸 재원의 넷째 아들로 태어남

- 15세 _ 1776년(영조 53년) 홍화보의 딸과 혼인

- 23세 _ 1784년(정조 8년) 정조에게 《중용》을 강론함

- 28세 _ 1789년(정조 13년) 대과에 급제, 벼슬길에 오름

- 29세 _ 1790년(정조 14년) 서학을 공부했다고 하여 충청도 해미로 귀양 갔다가 곧 풀려남

- 31세 _ 1792년(정조 16년) 홍문관 수찬이 됨. 화성 쌓는 일을 연구, 《수완성제》를 씀

- 36세 _ 1797년(정조 21년) 천연두로 고생하는 백성들을 위해 《마과회통》을 씀

- 39세 _ 1800년(정조 24년) 정조 승하

- 40세 _ 1801년(순조 1년) 신유박해 발발. 황사영 백서 사건에 연루되어 전라도 강진으로 유배됨

- 47세 _ 1808년(순조 8년) 다산초당으로 거처를 옮긴 후 본격적으로 책을 쓰기 시작함

- 56세 _ 1817년(순조 17년) 《경세유표》 40권 완성

- 57세 _ 1818년(순조 18년) 《목민심서》 48권 완성. 귀양에서 풀려나 18년 만에 고향으로 돌아감

- 58세 _ 1819년(순조 19년) 《흠흠심서》 30권 완성

- 75세 _ 1836년(헌종 2년) 마재 집에서 절명

- 死後 _ 1910년(순종 4년) 4월 30일 정이품 정헌대부 규장각 제학을 추증하고, 시호를 문도공文度公이라 함

새로운 세상을 향한 민중의 꿈, 김개남

# 선한 사람들이 잘사는 세상을 위하여

"세상일이 날로 잘못되어 가서 개연히 세상을 구제해보려는 생각이었다."

김개남金開南은 전봉준全琫準, 손화중孫蒙仲과 더불어 동학농민
혁명의 3대 지도자로 불리는 인물이다. 그가 살았던 19세기는
한 마디로 비극의 시대였다. 곳곳에서 민중들의 봉기가 끊이지 않았고, 삼
정三政(전정·군정·환정)의 문란으로 나라는 혼란에 빠졌으며, 이 틈을 타 세계
열강이라 불리는 나라들이 호심탐탐 조선을 노리고 있었다.

김개남은 1853년 전라도 태인 지금실에서 김대현金大鉉의 셋째아들로 태
어났다. 그의 집안은 대대로 태인에 살았으며 벼슬살이는 하지 못했으나
선비 집안으로 대접받았다.

그의 본명은 영주永疇였지만, 동학에 입문해 활동하던 당시에는 신분 노
출을 피하기 위해 기범箕範이라는 가명을 사용하였다. 그리고 이후 '남조선
을 연다.'라는 의미, 나아가 이상 사회를 건설한다는 의지의 표현으로 '개
남開南'으로 개명하였다.

## 전봉준과의 만남, 운명을 바꾸다

그는 20대 후반 운명처럼 전봉준을 만나게 된다. 오랫동안 이곳저곳을 옮겨가며 살던 전봉준이 그가 살던 지금실로 이사를 오면서 이루어진 만남이었다. 그러나 이것이 두 사람에게는 피할 수 없는 운명이 되고 말았다.

혈기왕성한 20대의 두 사람은 암울한 세상에 대해서 수많은 이야기를 나누었을 것이고, 그것이 그들을 혁명의 길로 나가게 한 원동력이 되었을 것이기 때문이다.

서른 이후 김개남은 전국을 돌아다니면서 여러 사람과 친분을 쌓았다. 당시 조선은 봉건체제의 구조적 모순과 제국주의의 침탈로 방향을 상실한 채 표류하는 난파선과도 같은 신세였다. 이러한 상황 속에서 동학은 민중 사이에서 들불처럼 번져 갔고, 서양 문물을 배격하고 자주성을 회복하려는 뜻을 가진 사람들 역시 그 흐름에 자연스럽게 합류하고 있었다.

김개남이 동학에 입문한 시기는 1880년대 말에서 1890년 사이로 추정된다. 1891년 동학 교주 최시형崔時亨(동학의 제2대 교주)이 전라도 일대에서 포교활동을 벌이기 위해 처음 정읍으로 들어왔고, 그때 김개남은 여름옷 다섯 벌을 지어서 최시형에게 올렸다. 이후 접주接主(동학 교구의 책임자)가 되어 호남의 다른 지방 접주들과 교류했으며, 뜻이 통하던 손화중, 김덕명金德鳞, 최경선崔景善 등과 돈독한 관계를 맺었다. 또 1892년 삼례에서 동학교도들이 탐관오리 축출과 교조 신원 운동을 벌이자 많은 사람을 동원하면서 탁월한 지도력을 발휘하기도 하였다. 1893년 3월 충청도 보은 장내리에서 열린

보국안민과 척왜양의 깃발을 내건 집회에서는 태인포泰仁包라는 포명을 받음과 동시에 대접주에 임명되었다. 그러나 그것도 잠시. 동학교도들에 대한 탄압은 더욱 강화되었고, 전봉준을 비롯한 남접 지도자들은 특단의 대책을 마련하지 않으면 안 될 상황에 이르렀다.

## 고부민란, 동학농민혁명의 시작

1892년 5월, 조병갑趙秉甲이 전라도 고부군수로 부임하였다. 그 무렵, 전라도 일대의 농민들은 3년에 걸친 가뭄으로 인해 피폐해질대로 피폐해져 있었다. 그러나 조병갑은 부임하자마자 아버지 조규순趙奎淳의 송덕비를 세운다며 돈을 거두었다. 또한, 부농에게는 부모에게 불효하고 동기간에 화목하지 못하다거나 간음을 했다며 죄를 뒤집어씌운 후 재산을 몰수하기도 하였다. 그뿐만 아니라 정읍천 상류에 보가 있음에도 다시 정읍천과 태인천이 합류하는 아래에 만석보를 쌓기도 하였다. 이 과정에서 인근에 있는 남의 산에서 무단으로 나무를 베어 쓰기도 하였다. 그리고 첫해에는 세금을 받지 않겠다던 약속을 어기고 좋은 논에서는 한 마지기당 두 말, 나쁜 논에서는 한 말씩 수세를 걷었다. 황무지를 개간하면 세금을 면제해주겠다던 약속 역시 뒤집었다.

농민들의 고혈을 짜내는 것은 비단 그뿐만이 아니었다. 균전사 김창석金昌錫, 전운사 조필영趙弼永까지 거기에 가세하여 도적질을 일삼았다. 이에 견

디다 못한 농민들이 세금을 감면해달라고 진정했지만 오히려 붙잡혀서 곤욕을 치를 뿐이었다.

그 무렵, 서울에서는 "자식을 낳아 호남에 가서 벼슬을 하게 하는 것이 소원이다."라는 노래가 유행할 정도였다고 하니, 그 횡포와 수탈이 어느 정도였는지 능히 짐작이 가고도 남는다. 이에 참다못한 농민과 동학교도들은 마침내 봉기를 일으키기에 이른다.

1893년 11월 초순, 농민군 지도자들은 죽산마을에 모여 봉기의 당위성을 말하는 격문檄文(급히 사람들에게 알리려고 각처로 보내는 글)과 사발통문沙鉢通文(1893년 전봉준을 비롯한 동학 간부들이 작성한 통신문으로 주모자가 드러나지 않도록 관계자의 이름을 사발 모양으로 쓴 것에서 유래)을 작성하였다. 그 내용은 다음과 같았다.

- 고부성을 부수고 조병갑의 목을 벨 것
- 군기창과 화약고를 점령할 것
- 군수에게 아부하여 민중을 수탈한 구실아치(관아의 벼슬아치 밑에서 일을 보던 사람)를 징계할 것
- 전주감영을 함락하고 서울로 곧바로 올라갈 것

그러던 중 조병갑이 익산군수로 제수되었다. 하지만 그는 그곳에 부임하지 않았다. 새로운 고부군수에 임명된 이은용李垠鎔 역시 마찬가지였다. 그는 부임을 망설이다가 안악군수로 갔다. 이어서 신재묵申在默이 고부군수에 제수되었지만, 그 역시 여러 가지 사정을 들어 부임을 꺼렸다.

그들이 그러는 데는 다 이유가 있었다. 조병갑이 그곳을 떠나지 않으려고 공작을 벌였기 때문이다. 그는 신정왕후神貞王后(조선 제23대 임금 순조의 세자였던 익종의 비이자 제24대 임금인 헌종의 어머니) 조대비의 조카이자 이조판서 심상훈沈相薰과 사돈지간이었다. 이에 전라감사 김문현金文鉉 등을 이용해 고부를 떠나서는 안 되는 이유를 적은 장계를 올리기도 하였다.

전 고부군수 조병갑은 관청의 물건을 쓴 것이 많아 점차 그 계산을 마무리하고 있으며, 마침 세금을 받아들이려는 참인데 다른 읍으로 옮기게 되면 착오가 생길 우려가 있습니다.

**- 《고종실록》 31권, 고종 31년 1월 9일 정해**

이에 조병갑이 다시 고부군수로 부임하였고, 이를 지켜본 농민들은 분노가 폭발하고 말았다.

1894년 1월 10일 말목장터에 사람들이 모여들기 시작하자, 전봉준이 감나무에 등을 기댄 채 다음과 같이 말하였다.

"아녀자와 노약자를 제외하고는 한 사람도 이곳을 떠나지 말라."

그러고는 농민군을 두 무리로 나눠 한 무리는 천치재를 넘어 고부 관아로 쳐들어갔고, 다른 무리는 운학동을 거쳐 관아로 들어갔다. 하지만 그들이 관아에 들이닥쳤을 때는 이미 조병갑이 도망친 뒤였다.

매천 황현은 당시 그들의 활약에 대해서 이렇게 이야기하고 있다.

　　김기범의 사람됨은 음험하면서도 의지가 굳은 면이 있어 자못 무력으로 사람들 위에 군림하였다. 그리하여 난리가 일어났던 초기에 그 집안사람들 대부분이 그를 따라 난리에 참여하게 되었으며 도강 김씨 중에는 접주가 스물네 명이나 되었다. … (중략) … 태인은 도적의 소굴이 되어 재물이 산처럼 쌓여 있었고, 한 집에서 말 네댓 마리를 길렀으며, 총통을 가장 적게 가진 집이 십여 개였다.

-《오하기문》

결국, 조정은 조병갑을 파면시키고 다음과 같은 전교를 내리기에 이른다.

　　고부에서 민란이 일어난 것은 실로 오랫동안 백성들의 원망이 쌓이고 정치가 제대로 기능하지 못한 까닭이지 그 연유가 하루아침에 일어난 것은 아니다. … (중략) … 전라감사 김문현은 먼저 봉급 3등을 감하는 조치를 시행하고, 전 군수 조병갑은 난을 불러일으키고 뇌물을 받은 죄를 범했으니 의정부에서 잡아들여 그 죄를 엄히 다스리도록 하라.

-《고종실록》 31권, 고종 31년 2월 15일 임술

### 황토현 대승, 전주성에 무혈입성하다

조정의 발표를 믿은 동학농민군은 일단 해산을 결정하고 흩어졌다. 그러나 8백여 명의 역졸役卒을 데리고 온 안핵사 이용태李容泰는 농민들을 오히려 역적으로 몰기 시작하였다. 그는 봉기의 주모자와 참가자를 색출한다는 명분으로 각 고을 일대를 휘젓고 다니며 부녀자를 겁탈하고 남자들을 굴비 엮듯이 잡아들였다. 이에 전봉준, 손화중, 김개남 등은 다시 거병하기에 이른다. 그리고 얼마 후 유정마을 여시뫼(전북 고창군 왕제산)에서 〈창의문倡義文〉을 발표한다.

오늘날 신하 된 자들은 나라를 생각하지 아니하고 한갓 녹봉과 벼슬자리만을 도적질한다. 아부와 아첨을 일삼으며 충성스럽게 올리는 말을 요사스럽다 하고 정직한 사람을 도적이라 하니, 안으로는 나라를 이끌만한 인재가 없고 밖으로는 백성을 수탈하는 관리가 많도다.

조선 8도가 마음을 합하고 수많은 백성이 뜻을 모아 의로운 깃발을 들어 목숨을 걸고 보국안민을 맹세하노니, 오늘의 광경은 비록 놀랄 만한 일이기는 하나 가벼이 움직이지 말고 각자 생업에 충실하여 함께 태평세월을 빌고 임금님의 덕을 누리게 되면 천만다행이겠노라.

**- 갑오년 3월 20일, 전봉준 · 손화중 · 김개남**

농민군은 그날 밤 고부를 점령하였다. 하지만 사건의 주범인 이용태는 이미 달아난 뒤였다. 옥문을 열고 무기를 접수한 농민군은 3월 25일 백산으로 본진을 옮겼다. 그러자 고부 관내 농민은 물론 인근 무주·장수·고창·영광·흥덕·정읍·태인·금구·김제 등에서도 동학 접주들이 농민군을 이끌고 구름떼처럼 몰려왔다.

얼마 후 흰 옷을 입은 8천여 명의 농민군들은 백산에서 조직을 재정비하기에 이른다. 그 결과, 대장에 전봉준, 총관령에 손화중, 김개남, 총참모에 김덕명과 오시영吳時泳을 임명하고, 호남창의대장소湖南倡義大將所를 설치한 후 다음과 같은 4대 강령을 발표하였다.

- 사람을 죽이지 말고, 가축을 잡아먹지 말라.
- 충과 효를 다하고, 세상을 구제하며, 백성을 편안하게 하라.
- 일본 오랑캐를 섬멸하고, 성도聖道를 깨끗이 해라.
- 군대를 몰고 서울로 돌아가 귀문귀족을 궤멸하라.

농민군이 백산白山(지금의 전북 부안군 백산면)에서 봉기했다는 소식을 들은 전라감사 김문현은 이 사실을 곧바로 조정에 보고하고 감영군과 보부상패로 이루어진 연합부대를 고부로 출동시켰다. 그러자 조정에서는 전라병사 홍계훈洪啓薰을 양호초토사兩湖招討使로 임명해 파견하였다.

4월 6일, 황토현黃土峴에서 운명을 건 농민군과 관군의 싸움이 벌어졌다. 결과는 동학농민군의 대승이었다. 2천여 명에 이르는 관군 가운데 살아서 돌아간 사람은 고작 몇 명에 불과했다. 이후 남쪽으로 기수를 돌린 농민군은 황룡강 싸움에서 승리한 후 정읍·금구·삼천을 거쳐 4월 27일 전라감영이 있는 전주성에 무혈입성하기에 이른다.

## 전봉준과의 대립, 다시는 책상물림들과 상종하지 않으리라

그런데 이때부터 김개남과 전봉준 사이에 의견 차이가 나타나기 시작했다. 곧바로 서울로 진격하자는 김개남과 달리 전봉준은 농민군이 지쳐 있고, 곧 농사철이 시작되며, 잘못하다가는 청군과 일본군까지 개입할 우려가 있다며 당분간 전주에 머물자고 하였다. 결국, 그들은 서울 진공을 미룬 채 조정에서 제시한 27개의 폐정 개혁안을 수용하기에 이른다. 이른바 전주화약全州和約이었다. 그 결과, 전라도 각 지역에 집강소執綱所(농민 자치기구)가 설치되었다. 이후 호남은 농민군의 손안에 놓이게 되었고, 전라도 내 53개 군현에 농민군이 주체가 된 집강소 민정이 시행되었다. 이에 전봉준은 전주에서 물러나 금구·김제·태인 등지를 다니며 집강소를 설치하는데 박차를 가했고, 손화중 역시 광주와 장성 등지를 다니며 전라우도에 집강소 설치를 독려하였다.

이때 서울 함락을 눈앞에 두고 물러나야 했던 김개남은 쓰라린 다짐 속에 남쪽을 향해 내려갔다.

"이제부터는 저런 책상물림들과 상종도 하지 않을 것이다."

그가 맡은 곳은 전라좌도였다. 그러나 다른 지역과 달리, 유림 세력이 강했던 탓에 집강소가 쉬이 설치되지 못하였다.

이에 농민군 3천여 명을 모아 즉시 남원을 쳤고, 소년 장수 김봉득金鳳得을 선봉 삼아 집강소가 설치되지 않은 운봉으로 보냈다. 당시 운봉에는 고창의 은대정殷大靜과 함께 악질 토호로 꼽히던 박봉양朴鳳陽이 민보군을 모아 버티고 있었다. 이를 눈치챈 김봉득은 북쪽 장수長水로 돌아들어가 바람처럼 운봉을 점령하였다. 그러자 박봉양은 재빨리 민보군을 해산한 후 어디론가 숨어 버렸다.

이후 계속되는 활동에서도 그와 전봉준은 의견 차이를 보였다. 그가 급진적이고 강경한 태도를 보인 반면, 전봉준은 여러 가지 현실을 복합적으로 고려해 수용하는 현실적인 태도를 보였다. 그러던 중 1894년 7월 15일, 전주화약 이후 국면을 타개하기 위한 농민군 대집회가 남원에서 열렸다. 7만여 명의 농민군들이 참가한 이 대회에서도 그들은 서로 의견 일치를 이루지 못하였다. 그때 전봉준은 이렇게 말하였다.

"지금 정세를 살펴보면 일본과 청나라가 전쟁 중이지만, 어느 쪽이 승리하건 군대를 옮겨 우리를 칠 것이 틀림없소. 그렇게 되면 우리가 비록 사람이 많다고는 하지만 오합지졸에 불과하므로 쉽게 무너져 바라던 바를 끝내 실현할 수 없게 될 것이오. 사정이 이러니 귀향한다는 명분으로 각자 사방으로 흩어져서 상황 변화를 지켜봅시다."

그러나 김개남의 생각은 달랐다. 그는 "큰 무리가 한 번 흩어지면 다시 합하기가 어렵다."며 전봉준의 말을 거부하였다.

문제는 손화중이었다. 그러나 그 역시 전봉준의 생각과 비슷하였다.

"우리가 봉기한 지 이미 반년이 지났소. 비록 호남에서는 큰 반향을 불러일으켰다고 하지만 글을 읽을 줄 아는 사람 중 조금이라도 덕망 있는 사람은 우리를 따르지 않고, 재물을 가진 사람과 선비들 역시 우리를 따르지 않고 있소. 우리를 추종하여 접장이 된 사람들은 대개 어리석고 천하여 남에

게 해를 입히거나 빼앗고 훔치는 일을 즐기는 무리일 뿐이오. 세상인심의
방향을 가늠해보면 일이 성사되기 어렵게 되었으므로, 지금은 사방으로
흩어져 온전히 살아남는 길을 도모하는 것이 나을 것이오."

그러나 그는 손화중의 말 또한 듣지 않았다. 다만, 두 사람의 생각이 자신
과 확연히 다르다는 것만 다시 한 번 깨닫게 되었다.

집강소가 설치된 후 석 달이 지났지만, 조선의 운명은 바람 앞의 등불처
럼 앞날을 예측할 수 없었다. 그 사이 대원군은 일본군과의 약속을 지키는
것처럼 보이기 위해 정석모鄭碩謨를 통해 그에게 군대를 해산하라는 글을
보냈다. 하지만 정석모를 만난 그는 오히려 그를 크게 꾸짖었다.

"너는 나이도 어리면서 어찌 대원군을 속여서 이런 글을 들고 왔느냐?
이것이 과연 대원군의 본뜻이겠느냐?"

그런데 상황이 묘하게 흘러갔다. 때마침 전봉준으로부터 대원군의 뜻을
따르지 말라는 편지가 도착한 것이다.

우리의 재봉기는 진격만 있고 후퇴는 없소. 만약 대원군의 회유를 따르게
되면 만사가 끝장이오. 그러니 정석모 일행을 죽임으로써 대원군의 바람을
거절해야 하오.

전봉준의 편지를 본 그는 화근을 자신에게 떠넘기려 한다고 생각하였다.
이에 정석모를 풀어주고 말았다. 그러던 차에 원평에서 사태의 추이를 지
켜보던 전봉준이 삼례에 4천여 명의 동학 농민군을 집결시켰다. 2차 봉기

가 시작된 것이다. 그러나 서울로 진격하기 위해 모인 농민군은 혁명을 원하지 않았던 북접과 남접 사이의 갈등으로 인해 한 발짝도 움직일 수 없었다. 동학교도 오지영은 당시의 상황을 다음과 같이 이야기하고 있다.

처음은 언쟁으로 하다가 차차 육박전으로, 끝내는 살육하는 지경까지 이르러 서로를 짓밟는 불상사가 일어났다. 갑오년 봄여름 이래로 남접과 북접 간의 대립이 말썽거리가 되어 오다가 이번에 다시 거병하는 때에 이르러서는 더욱 큰 문제가 되어 북접 사람들은 남접의 총상에 모두 죽을 지경이 되었다.

-《동학사》

이로써 동학 농민군은 삼례에서 한 달여를 머물게 되었다. 이후 남접의 전봉준과 북접의 손병희 등이 연합전선을 펼치며 공주를 공격했으나 역부족이었다. 그도 그럴 것이 그때 가장 용맹했던 김개남의 부대는 전투에 참여하지 않은 상황이었다.

## 청주 공략 실패, 먹구름이 드리우기 시작하다

남원을 거점으로 무력을 강화하고 지역 기반을 확대해 가던 김개남은 10월 14일 남원에서 출발하여 전주로 향했다. 전봉준의 요청이 있었음에도 그가 늦게 떠난 이유는 '남원에서 49일 동안 머무르라'는 점괘 때문이었다.

전주로 향하는 그의 부대는 대열이 백여 리에 이를 정도로 규모가 컸고 총통을 맨 자만 8천여 명이 넘었다. 그렇게 해서 10월 16일, 전주에 도착한 그는 그동안 농민군 탄압에 앞장섰거나 협조하지 않았던 관리들을 징계하기 시작하였다. 그러던 중 전라감사 김학진金鶴鎭이 그를 찾아왔다.

"내가 남원에 있을 때 겨울옷 천여 벌을 감영에서 거두도록 했는데 준비되었는가?"

그러자 김학진은 겸손한 말투로 이렇게 답하였다.

"실은 그런 명을 담은 문서를 받아보지 못했소."

화가 난 김개남이 그를 향해 다시 물었다.

"남원과 전주의 거리가 백여 리밖에 안 되는데, 내 명령을 담은 문서를 누가 감히 가볍게 여길 수 있단 말이냐?"

"내 말을 들어 보시면 접주의 의혹이 풀릴 것이오. 내일이 돌아가신 내 부모님 제삿날인데, 감사라고 하는 자가 몇 푼 안 되는 돈과 곡식조차 마련치 못하여 제사조차 지낼 수 없는 형편이오. 비록 문서를 보지는 못했으나, 설령 그것을 보았다고 해도 누가 겨울옷 천여 벌을 나를 위해 마련해주겠소?"

이 말을 들은 그는 한참동안 아무 말 없이 없었다. 그러더니 잠시 후 "누가 감사 벼슬이 좋다고 했는가?"라며, 그를 향해 그만 돌아가라고 하였다. 그리고 다음 날 아침, 돈 백 냥과 쌀 두 섬을 김학진에게 보내 제사에 보태 쓰도록 했다. 김학진은 그 돈을 쓰고 받지 않았지만 그의 비위를 건드릴까 두려워 사양하지 못하였다고 한다. 당시 그의 위세가 얼마나 대단했는지 미뤄 짐작할 수 있다.

10월 23일 그의 부대는 금산을 점령한 후 군수를 비롯한 반농민군을 철저히 징계하였다. 그리고 곧 청주를 거쳐 서울로 진격할 전략을 세웠다. 이에 13일 새벽 회덕과 문의 양쪽에서 청주를 공격하였지만 실패로 끝나고 말았다. 그 결과, 서울로 올라가 썩어빠진 벼슬아치들과 일본군을 몰아낸 후 새로운 세상을 열려고 했던 그의 바람에도 먹구름이 드리우기 시작하였다.

## 암울한 시대, 불꽃 같은 삶을 살다 가다

청주에서 패한 그는 이후 진잠과 연산을 거쳐 남하했으며, 태인에서 패한 전봉준은 농민군을 해산한 후 입암산을 거쳐 순창으로 들어갔다.

얼마 후 회문산 중송리에 있던 매부 서영기徐英基의 집으로 급히 몸을 숨긴 그는 아랫마을에 살던 임병찬林炳瓚에게 도움을 요청하였다. 이에 임병찬은 "우리 집이 더 안전할 테니, 우리 집으로 오라."며 그를 안심시킨 후 이 사실을 전주감영에 알리고 말았다. 그리고 곧이어 전라감사 이도재李道宰가 보낸 관군이 몰아닥쳤다.

"김개남은 어서 나와서 오라를 받아라."

그때 측간에서 이 소리를 들은 그는 껄껄 웃으며 다음과 같이 대답하였다고 한다.

"내, 네놈들이 올 줄 알고 있었다. 누던 똥이나 마저 누고 가마."

그가 붙잡힌 다음 날 전봉준 역시 부하였던 김경천金敬天의 밀고로 붙잡히고 말았다. 당시 두 사람은 거리상으로 8킬로 정도밖에 떨어져 있지 않았다. 이로 미뤄보건대, 아마도 재기를 위해 만남을 준비하고 있었던 듯하다.

암울한 시대 태어나 불꽃 같은 살을 살았던 그는 그렇게 포승줄에 묶여 형장의 이슬로 사라지고 말았다. 그가 전주감영으로 끌려갈 때 민중들은 다음과 같은 노래를 부르며 그를 애도했다고 한다.

"개남아, 개남아, 김개남아 수천 군사 어디에다 두고 짚둥우리가 웬 말이냐."

그 후 전라감사 이도재는 아직 농민군이 곳곳에 숨어 있어 탈출한 염려가 있다는 이유로 12월 3일 전주 서교장에서 그를 즉결 처형하였다.

황현의 《오하기문》은 김개남이 붙잡혀서 처형받기까지의 과정을 다음과 같이 이야기 하고 있다.

황헌주가 김개남을 포박하여 전주에 도착하자 감사 이도재가 김개남을 심문하였다. 이에 김개남은 큰소리로 다음과 같이 외쳤다.

"우리가 한 일은 모두 대원군의 은밀한 지시에 의한 것이다. 지금 일이 실패한 것 또한 하늘의 뜻을 뿐인데, 어찌 국문한다고 야단이냐?"

이도재는 난리를 불러오게 될까 두려워 감히 그를 서울로 올려보내지 못하고 즉시 목을 베어 죽여버렸다. 그리고 배를 갈라 내장을 끄집어냈더니 큰 동이에 가득하여 보통 사람보다 훨씬 크고 많았다. 그에게 원한을 가진 사람들이 다투어 내장을 씹었고 그의 고기를 나누어 제사를 지냈으며, 그의 머리는 상자에 넣어서 궁궐로 보냈다.

　김개남은 미친 듯한 행동과 포악하고 잔인함이 여러 적 가운데 가장 심하여 사람들이 마치 호랑이처럼 두려워하였다.

　서울로 보내진 김개남의 머리는 서소문 밖에 여러 날 동안 효시 된 후 다시 전주로 보내졌다. 그러나 대원군과의 관계를 밝히기 위해 동학의 주모자들을 생포하여 심문하려고 했던 일본은 왜 김개남을 죽였는지, 그리고 누구의 명령으로 죽였는지 소상하게 밝히라고 요구하였다. 이에 이도재는 "중도에 탈취당할 염려가 있었기 때문"이라고 보고 아닌 보고를 하였다.

　동학농민혁명이 일어날 무렵, 조선을 방문했던 영국의 지리학자 이사벨라 버드 비숍은 그의 책에서 김개남의 최후에 대해 다음과 같이 이야기하고 있다.

　외세에 좌지우지되고 있는 임금과의 충성관계를 끊고 그와 다른 주권을 약속했던 동학은 1월 초 전멸하여 충성스러운 관리에 의해 교주의 머리가 서울로 압송되었다. 나는 그것을 베이징으로 가는 길에 가장 부산한 거리인 서소문 밖의 어느 시장에서 보았다. 마치 야영장에서 쓰는 주전자대처럼 나무 기둥 세 개로 얼기설기 받쳐놓은 구조물에 사람의 머리 두 개가 그 아래로 늘어뜨려져 매달려 있었다. 그 얼굴들은 고요하고 엄숙해 보였다. … (중략) … 동학군은 너무나 확고하고 이성적인 목적을 가지고 있어서 나는 그

들의 지도자들을 '반란자들'이라기보다 차라리 '무장한 개혁자들'이라고 부
르고 싶다.

－《한국과 이웃나라》

현재 김개남의 무덤은 정읍시 산외면 동곡리 지금실에 자리하고 있다.
시신도 없는 상태에서 후대 사람들이 가묘를 쓴 것이다. 그는 당대에서는
결코 이루어질 수 없었던 새로운 세상을 열망했기에 비극적인 죽음을 맞
았다. 하지만 그의 삶은 결코 헛된 것이 아니었다. 이곳저곳에 남겨진 그의
혁명적 열정이 가끔 바람결에 되살아나 오늘을 사는 사람들의 마음을 긴
장시키고 있기 때문이다.

正義

# 봉건사회의 심장을 꿰뚫다

**세상을 바꾸고자 했던 농민군들의 간절한 바람, 동학농민혁명**

1894년 일어났던 동학농민혁명은 우리 근현대사에 분수령을 이룬 큰 사건이자 민중 운동사에 우뚝 솟은 봉우리와도 같다.

"새야 새야, 파랑새야, 녹두밭에 앉지 마라. 녹두꽃이 떨어지면 청포장수 울고 간다."라는 한 서린 노래를 남기고 역사 속에 묻힌 동학농민혁명은 부르는 사람이 누구인가, 어떤 성향을 지녔는가에 따라 여러 이름으로 불린다. 동학난이란 이름으로 농민군을 폭도로 규정했던 식민사관은 비록 쇠퇴했지만, 갑오농민전쟁, 동학농민전쟁, 갑오동학농민혁명, 동학농민혁명 등 그 이름만도 여러 개에 이른다. 100주년을 전후해서 만들어진 기념 사업회 역시 지역마다 그 이름이 각각 다르며, 전국에 세워지고 있는 기념물 역시 제멋대로다.

동학농민혁명은 불과 일백 년 전에 일어난 사건이다. 그러나 많은 사람이 실패한 역사로 치부한 나머지 어느 것 하나 제대로 전해지는 것이 없다. 누구도 감히 떠올리기 두려워했던 역사, 기억상실증이라도 걸린 듯이 백 년 동안 지워진 역사가 되어버린 것이다.

## 선한 사람들이 잘사는 세상을 만들고 싶었던 혁명주의자

대부분 사람들은 동학농민혁명이라고 하면 '녹두장군 전봉준'을 가장 먼저 떠올린다. 전봉준의 이미지가 너무 강하기 때문이다. 그러나 동학농민 혁명은 전봉준 뿐만 아니라 손화중, 김개남, 그리고 수많은 이름 모를 사람들에 의해 이루어진 그야말로 역사적인 사건이었다. 하지만 농민군의 주력이었던 손화중 부대를 비롯해 농민군 전체 중 최정예 부대로 알려졌던 김개남 부대에 대해서는 제대로 알려진 것이 없다. 그러니 농민군 중 핵심부대로 활동했던 금구·원평의 김덕명 부대, 장흥·고흥의 이방언 부대에 대해서는 더 말할 나위조차 없다.

김개남 부대가 가장 철저하게 반봉건 투쟁에 나설 수 있었던 이유는 대략 다음과 같다.

첫째, 그의 혁명에 대한 열정 때문이다. 그는 평소 정약용의 《경세유표》를 애독하는 등 실학사상을 온몸으로 체득한 인물이었다.

둘째, 그를 둘러싼 접주들의 영향 때문이다. 그의 부대는 무당·화전민·산포수·범법자·떠돌이 중·도붓장수(이리저리 돌아다니며 물건을 파는 사람)·백정·고리장이(키버들로 고리짝이나 키 따위를 만들어 파는 일을 직업으로 하는 사람) 등 천민 출신들로 넘쳐났다. 그러다 보니 다른 어느 부대보다도 포악스럽고 난폭하였다.

셋째, 그의 부대가 거점으로 삼았던 남원의 사회적·경제적 영향력 때문이다. 예로부터 남원은 물산이 풍부한 곳으로 양반 세력과 기층 세력 간의 활발한 변동이 있었던 지역, 즉 새로운 역사적 세력이 성장할 수 있는 물질적 토대가 마련된 곳이었다. 김개남이 운봉을 공격할 때 1만여 명에 이르는 농민군에게 전투복을 입혀서 진군할 수 있었던 이유 역시 거기에 있었다. 또 사상적인 측면에서 보자면 남원은 동학의 창시자 최제우<sub>崔濟愚</sub>가 남접의 시초를 연 곳이기도 했다. 그러나 김개남이 형장의 이슬로 사라진 후 남원의 상황은 급격히 악화되었다.

남원을 떠날 당시 그는 화산당 접주 이문경<sub>李文卿</sub>과 담양 접주 남응삼<sub>南應三</sub> 등 서른네 명의 부하에게 그곳을 대신 지키도록 명하였다. 이에 남원에 남아 있던 농민군은 운봉을 넘어 서부 경남으로 나가려고 시도했지만 강력히 맞서는 박봉양 군대에 의해 가로막히게 되었다. 이 과정에서 남원 농민군은 수차례 패배했고, 급기야 박봉양이 이끄는 민보군에 의해 무참한 죽임을 당하기에 이른다. 이로써 남원을 교두보로 경상도 지역으로 진출하려던 동학농민군의 투쟁은 막을 내릴 수밖에 없었다.


동학군으로서 관군·일병·수성군·민보군에게 당한 참살은 이루 말할 수조차 없었다. 그중에서 가장 참혹한 곳은 호남이 제일이었고, 충청도가 그다음이었다. 또한 경상·강원·경기·황해 등 여러 도에서도 살해가 많았다. 전후 피해자를 계산하면 무릇 3, 40만에 이르렀다. 동학군의 재산은 모

두 관리의 것이 되었으며, 가옥 등의 물건은 모두 불에 태워졌으며, 기타 부
녀자 강탈, 능욕 역시 차마 다 말할 수 없을 정도였다.

-《동학사》

### 지워진 역사, 지워진 이름

그렇다면 동학농민혁명 당시 김개남이 이루고자 했던 것은 과연 무엇이
었을까. 혹시 그 역시 전봉준처럼 대원군과의 합작 정권을 구상했던 것은 아
니었을까.

김개남은 단순히 개혁주의자에 지나지 않았던 전봉준, 손화중과 달리
조선이라는 나라를 뒤엎고 새로운 국가를 열고자 했던 아나키스트 내지
혁명주의자였다.

접주라고 일컫는 각 지역의 우두머리는 자신의 세력을 키웠고, 특히 김개
남 같은 자는 스스로 개남국왕開南王國이라고 칭하는 등 그 배후에 역성혁
명, 척왜斥倭, 관리 축출 등 다양한 목적을 가진 듯합니다. 다만, 그들의 교리
만큼은 마음을 단결시켜 죽을힘을 다하게 하는 데 충분한 것 같습니다.

- 주한 일본 공사 이노우에가 일본 외무대신에게 보낸 편지

이로 미뤄보건대, 동학 지도자 중 가장 확실하게 새로운 세상을 열고자
했던 이는 김개남뿐이었던 듯하다. 그는 모든 사람이 더불어 잘사는 세상,

그중에서도 농민이 주인이 되는 세상을 꿈꾸었다. 하지만 그가 구체적으로 어떤 세상을 꿈꾸었는지는 가늠하기가 쉽지 않다.

그의 혁명은 결국 실패로 끝났다. 전봉준, 손화중, 손병희로 이어지던 동학의 사상적 흐름 역시 맥이 끊기고 말았다. 그러나 그의 정신만은 아직 온전히 남아 흐르고 있다.

동학농민혁명이 끝난 후 남원에는 농민군을 격퇴한 것을 기리는 운봉 토호 박봉양의 기념비가 세워졌다. 하지만 조선 전역에 이름을 떨쳤던 김개남의 흔적은 오랜 세월 동안 지워지고 말았다. 그가 역사 속에 묻혀 버린 이유는 대략 세 가지 이유 때문이다.

첫째, 국문에서 죽음에 이르는 과정이 온전히 남이 있는 전봉준과 달리 즉결 처형되었기 때문이다.

둘째, 한 사람을 영웅시하는 시대적 풍조로 인해 동학의 대표였던 전봉준의 그늘에 가려진 탓이다.

마지막으로, 그를 급진주의자 내지는 강경한 혁명주의자로 만든 사회적 분위기 때문이다. 이로 인해 그의 가족들은 족보에서도 이름이 지워지고 성마저 바꾼 채 어렵게 살아야 했고, 지금도 여전히 어렵게 살고 있다.

1993년 5월 30일, 전주 덕진공원에는 한 맺힌 세월을 조금이나마 보상받듯 김개남을 기리는 추모비가 세워졌다. 그리고 2000년 말에는 그가 죽은 전주 서교장터에 김개남길이라는 이름이 붙여졌다. 백 년이라는 세월이 무심히 흐른 뒤였다.

## ● 김개남 연보 ●

- 1853년(철종 4년) 전라도 정읍 태인에서 김대현의 셋째 아들로 태어남

- 1873년(고종 10년) 전봉준과 만남

- 39세_1891년(고종 28년) 동학 접주가 됨. 최시형을 만나 직접 가르침을 받음

- 40세_1892년(고종 29년) 삼례에서 탐관오리 제거와 교조 신원 운동을 벌음

- 41세_1893년(고종 30년) 보은 장터에서 보국안민, 척왜양의 깃발을 내걸고 민중 시위
  를 벌임. 호남 교도들을 동원, 태인포라는 포명과 함께 대접주 임첩을 받음

- 42세_1894년(고종 31년) 전봉준, 손화중과 함께 고부민란을 일으킴. 이후 호남창의소
  를 설치하고 총관령이 됨. 10월 동학혁명 당시 서울로 진격하려고 했으나 청주에서 일본
  군에게 패한 후 매부 서영기의 집에 숨어 있다가 임병찬의 밀고로 체포됨

- 43세_1895년(고종 32년) 전주 장대 초록바위에서 참수됨

혼돈의 시대가 낳은 풍운아, 김옥균

# 모두가 평등한 세상을 위하여

"문벌을 폐지하여 인민 평등의 권리를 제정하고,
그에 입각해 능력에 따라 관리를 임명해야 한다."

1884년 12월 4일 밤 9시가 조금 지난 시각, 종로 한복판에서 큰 사건이 하나 일어났다. 우정국郵政局 낙성식에서 수구 세력과 진보 세력의 충돌이 일어난 것이다. 이른바 갑신정변甲申政變(김옥균 등의 개화파가 조선의 자주독립과 근대화를 위해 일으킨 정변)이었다. 갑신정변은 일본의 힘을 빌려 청나라에 의존하는 민 씨 세력을 몰아내고 개화 정권을 수립하려는 일종의 무력 쿠데타였다.

갑신정변을 말할 때 빼놓을 수 없는 인물이 있다. 바로 급진개화파의 수장이자 갑신정변의 상징 김옥균金玉均이다.

담대하고, 명쾌하며, 좀스러운 것에 구애되지 않고, 옳은 일을 자기 몸처럼 소중히 여기고, 호방하게 군중을 포용하는 것은 그의 성품이었다. 드높은 영웅심, 자기 발로 일어서는 자립심, 백절불굴百折不屈(수없이 꺾여도 굽히지 않음)하고 천만 번 다시 도전하는 투지는 그의 기백이었다.

풍운아, 위대한 패배자, 미완성의 지도자 등 다양한 이름으로 불리고 있는 그는 조선의 자주독립과 근대화를 목표로 혁명을 일으켰다. 하지만 삼일 만에 막을 내리면서 역사의 그늘 속으로 사라지고 말았다.

1851년 충청도 공주에서 마을 훈장을 하던 김병태金炳台의 장남으로 태어난 그는 문장과 시, 글씨, 그림, 음악 등 여러 방면에서 탁월한 재능을 발휘하였다. 이에 그와 함께 갑신정변을 주도했던 박영효朴泳孝는 그의 다재다능함을 두고 이렇게 말한 바 있다.

김옥균의 장점은 사람을 잘 사귀고 잘 노는 것이오. 말 잘하고, 시 잘 쓰고, 글씨 잘 쓰고, 그림도 잘하오.

김옥균은 일곱 살에 재당숙再堂叔(아버지의 6촌 형제)인 김병기金炳基에게 입양되어 서울로 가게 되었는데, 그것이 그의 운명에서 첫 번째 갈림길이 되었다.

## 개화사상의 선구자, 조선의 미래를 걱정하다

그의 주변에는 일찍부터 명문가 출신의 수재들이 모여들었다. 철종의 사위 박영효를 비롯해 영의정 홍순목洪淳穆의 아들 홍영식洪英植, 여흥 민 씨 문중의 총아였던 민영익閔泳翊, 서광범徐光範, 서재필徐載弼 등이 바로 그들이었다. 그는 그들과 함께 일찍부터 박규수의 사랑방에 모여 개화사상을 논의하였다.

1872년 스물둘에 장원급제한 그는 성균관 전적에 임명되었다가 승정원 우부승지와 통정대부를 거쳐 형조참의까지 올랐다. 그가 서른도 채 되지 않은 나이에 정3품 당상관 자리에 오른 데는 집안의 배경도 있었지만 그만큼 그의 능력이 뛰어났기 때문이다.

그는 1870년을 전후로 박규수, 오경석吳慶錫, 유대치劉大致 등을 만나게 된다. 그들은 개화사상의 주창자들로 청나라가 서구 열강들로부터 침략당하는 것을 목격한 후 조선의 미래를 걱정하기 시작하였다. 이에 박규수는 《헌재집瓛齋集》에서 당시 상황을 다음과 같이 이야기한 바 있다.

오늘 이 시점은 춘추전국시대와 같이 서로 동맹해서 정변을 지도하니 장차 분쟁을 면치 못할 것이다. 우리나라는 비록 작은 나라이지만 동양의 요충 지대에 자리 잡고 있어서 진나라와 초나라 사이에 정나라가 있던 것과 같다. 따라서 내치와 외교의 기회를 잃지 않고 잘하면 스스로 보호할 수 있을 것이고, 그렇지 못하면 우매하고 약한 나라가 될 것은 당연한 이치이다.

박규수는 쇄국정책이 시대의 조류에 맞지 않는다고 생각하였다. 개방후 내치와 외교에 힘쓰는 것만이 조선을 변화시킬 수 있는 유일한 길이라고 생각했기 때문이다.

훗날《독립신문》을 만든 서재필은 김옥균이 개화사상의 선구자들과 만났던 당시를 다음과 같이 회상한 바 있다.

유대치는 김옥균과 만나 세상에 관해 이야기를 나누었는데, 그의 사상과 인격, 학식과 재주가 비범함을 알고 장래 반드시 큰일을 할 수 있는 인물임을 통찰하였다. 이에 오경석으로부터 받은 세계 각국의 지리, 역사 서적과 각종 신서적을 그에게 읽어보라고 권유하였다. 그뿐만 아니라 열심히 세계의 정세에 관해 설명하고 국가 개혁을 서둘러야 할 필요성을 역설하였다.

**- 서재필의 회고**

역관 가문에서 태어난 유대치는 의술을 본업으로 삼았으며, 역사와 불교에도 조예가 깊어 사람들로부터 백의정승白衣政丞(유생으로 있다가 단번에 정승 벼슬에 오른 사람)으로 불렸다. 또 오경석은 북경을 자주 오갔던 중인 출신의 역관으로 북경을 자주 왕래하면서 견문을 넓히는 한편 서양에서 들어온 《해국도지海國圖志》,《영환지략瀛環志略》,《중서견문록中西見聞錄》등을 유대치와 함께 연구하였다.

## 개혁의 꿈, 동양의 프랑스를 꿈꾸다

그 무렵, 김옥균은 유대치로부터 승려 이동인李東仁을 소개받았다. 사대

부와 중인, 그리고 천대받는 승려의 결합은 개화의 기치를 내걸기에 매우
적절한 조합이었다. 그런 까닭에 그들이 근대 조선의 여명기를 열었던 것은
어쩌면 시대적 숙명이었을지도 모른다.

김옥균은 그들을 통해 조선이 세계사적 흐름 속에서 어떤 위치에 놓여
있는지 비로소 알게 되었다. 이에 서구 문명을 소개한 책을 통해 자본주의
에 대한 새로운 지식을 습득했고, 실학의 긍정적인 요소에 대해서도 비로
소 인식하게 되었다. 그 결과, 서서히 조선을 개혁할 꿈을 꾸기 시작하였다.

김옥균은 동양 3국 중 일본이 자본주의의 길을 걸으면서 동양에서 영국
과 같은 위치를 차지하고 있다고 보았다. 이에 우리나라를 동양에서 프랑스
와 같은 나라로 만들어 국제적 지위를 튼튼히 하고자 하였다.

**- 서재필의 회고**

김옥균은 당시 조선이 해결해야 할 문제에 대해서 매우 잘 알고 있었다.
다음 글은 그가 쓴《치도규칙治道規則》에 나오는 것으로, 여기서 그는 열악
한 도로를 제대로 정비할 경우 많은 사람의 수고를 덜 수 있을 뿐만 아니라
많은 일자리를 창출하여 여러 사람에게 이익을 돌려줄 수 있다고 주장하
고 있다.

우리나라는 처음에 나라를 세우고 법을 정할 때 도로와 다리를 만들고
다스리는 일은 공조工曹에 맡기고 준천사濬川司(조선시대 하천 관리를 담당하던 관청)

를 설치해 내천과 도랑을 파게 했으니 그 규모가 자못 치밀하였다. 그러나 풍속이 타락한 후 그대로 습관화되어 비록 자기 몸에 직접 관계되는 일이라도 우물쭈물 넘기는 것을 능사로 알고 있다. … (중략) … 가령, 농사짓는 일이 제대로 됐다고 할지라도 운반이 불편하면 양식이 남는 곳의 곡식을 모자라는 곳으로 옮길 수 없다. 그러므로 길을 닦는 일이 시급히 요구된다. 길이 잘 닦여 차마車馬가 편히 다닐 수 있게 되면 열 사람이 할 일을 한 사람이 능히 할 수 있을 것이며, 나머지 아홉 사람의 힘을 공업기술 쪽으로 돌린다면 예전에 놀고먹기만 하던 무리는 모두 일정한 직업을 갖게 될 것이다.

-《치도규칙》

이후 뜻이 맞는 사람들을 모은 후 그 우두머리가 된 김옥균은 정치 결사체를 구성하기 위해 전력을 다 하였고, 1879년 이동인을 일본으로 보내 근대화 실태를 알아보게 하는 한편 신사유람단 파견을 주선하기도 하였다. 이에 개항 이후 민 씨 정권의 개화정책에 참여하면서 그를 중심으로 결집하여 개화사상을 현실 속에서 실현해 나가려는 정치세력, 즉 개화파를 형성하였다. 그러나 개화파 안에도 개화의 궁극적인 방향에는 동의하지만 실현 방법에 있어서 견해 차이를 보이는 사람들이 있었다. 실례로, 김홍집金弘集, 어윤중魚允中, 김윤식金允植 등의 온건 개화파는 부국강병을 위해 여러 가지 개혁정책을 실행하는 데는 동의하지만, 민 씨 정권과 타협하며 청에 대한 사대외교를 계속 유지하자는 쪽이었던 반면, 김옥균을 중심으로 한 급진 개화파는 청과의 사대관계를 청산하는 것을 최우선 과제로 삼고 민 씨 정권을 타도의 대상으로 삼았다. 이에 개항 이후 전개되는 조선 안팎의 정세 변화에 큰 관심을 두고 충의계忠義契(김옥균 등이 개혁의 필요성을 깨닫고 뜻을 같이 하는 동지들을 규합하여 만든 개화파 조직)를 통해 동지들을 규합하는 한편 서구 근대 문물에 관심을 표하던 고종에게 적극적으로 접근하기 시작하였다. 특히 1881년에는 김옥균 자신이 직접 일본으로 건너가 시찰에 나서기도 하였는데, 그의 일본 방문은 일본 내에서도 큰 화제가 되었다.

그의 방문을 앞두고 일본의《근사평론近事評論》에서는 "조선 개화당 당수의 도착이 바야흐로 가까워지고 있다."라는 논설을 대서특필했을 뿐만 아니라 일본 근대화의 아버지로 불리는 후쿠자와 유키치 역시 그를 높이 평가하였다.

"과연 김옥균은 용감하고 명쾌한 존재다. 그의 뜻이 일신一身이나 일가一家에 있는 것이 아니라 조국을 자유롭고 부강富强시키는 데 있다는 것을 다시 한 번 알게 되었다."

개화파는 양반 자제뿐 아니라 광범위한 계층의 청년들을 모집해 일본 군사학교와 게이오 의숙 등에 유학을 주선하기도 하였다. 미래를 위해 근대적인 군사학과 학문을 배우게 한 것이다.

한편, 개화파의 일원이었던 박영효는 1883년 8월 외무아문外務衙門(외무부) 아래 박문국博文局(조선 후기에 신문, 잡지 등의 편찬과 인쇄를 맡아보던 출판기관)을 설치하여 우리나라 최초의 근대 신문인《한성순보漢城旬報》를 발행하기에 이른다. 이를 통해 나라 안팎의 정세는 물론 입헌군주제와 삼권분립제의 우월성은 물론 자신들이 지향하는 개혁의 정당성에 대해서도 널리 알렸다. 그러나 당시 개혁에 소극적이었던 민 씨 정권과 점차 노골화하던 청과 일본의 움직임으로 말미암아 곧 벽에 부딪히고 말았다.

## 갑신정변 발발, 정권을 장악하다

그러던 중 1882년 임오군란이 일어났다. 일본식 군제 도입에 대한 구식 군대의 반항으로 일어난 이 사건은 민 씨 정권과 개화파의 관계를 급속도로 냉각시켰다. 이에 민 씨 정권의 요청으로 조선에 출병한 청나라는 군란을 진압한 후 군대를 주둔시키며 침략을 획책했고, 민 씨 정권 역시 청에 의지하여 정권을 유지하고자 하였다. 그러나 문제가 있었다. 개화파가 어느덧 커다란 정치 세력으로 급성장한 것이다. 이에 민 씨 정권은 개화파에 정치적 압박을 가해야만 했다. 따라서 평화적으로 개혁을 추진하려고 했던 그들의 입지는 당연히 축소될 수밖에 없었다.

그러던 중 청나라와 프랑스 사이에 베트남 문제가 끼어들면서 바야흐로 대결 구도가 형성되었고, 이는 개화파에게 자신들의 뜻을 펼 수 있는 유리한 정세를 만들어주었다. 그리고 마침내 1884년 8월 베트남에서 청불전쟁이 일어나자 청나라는 조선에 주둔하던 군사 3천여 명 가운데 절반을 철수시켰다.

개화파는 이런 정세 변화와 일본의 적극적인 태도에 다시 용기를 얻었다. 여기에 광주유수가 된 박영효가 5백여 명의 장정을 양성하고 있었고,

북청의 윤웅렬尹雄烈 역시 5백여 명으로 구성된 신식 군대를 준비하고 있었다. 또한, 김옥균이 일본으로 보냈던 14명의 사관생도가 새로운 전술을 가르친다는 명분으로 귀국해 있었다.

1884년 9월 17일 김옥균을 비롯한 개화파는 박영효의 집에 모였다. 이 자리에서 김옥균은 정변을 일으켜서라도 권력을 잡자고 주장하였다. 무력으로 민 씨 정권을 타도하고 권력을 장악한 후 개혁을 하자는 것이었다. 이에 홍영식이 총판總辦(대한제국 당시 기기국·전환국·친왕부·통신원에 둔 최고 관직)으로 내정되어 있던 우정국 개설 축하 피로연을 이용하여 거사하기로 뜻을 모은 후 일본 사관학교에서 돌아온 유학생들과 신식 군대 가운데 자신들의 영향권 아래 있는 군인들을 동원하기로 하는 등 만반의 준비를 마쳤다.

그러나 거사를 일으키자면 민 씨 정권을 감싸고 있던 청군의 반격과 개혁정책을 실행하는 데 있어 필요한 재정문제를 먼저 해결해야만 했다. 이에 일본을 이용해서 이 문제를 해결하기로 한 그들은 이 사실을 일본에 알렸다. 일본으로서는 반대할 이유가 없었다. 개화파의 거사가 성공하면 조선 진출에 있어 가장 큰 걸림돌이었던 청나라와 민 씨 정권을 한꺼번에 몰아낼 수 있었기 때문이었다. 일본 공사 다케조에 신이치로는 공사관 병력 150명과 일화 3백만 엔을 제공하겠다고 약속하였다. 이에 개화파는 일본군이 왕궁 호위와 청군에 대한 방어만 담당하고 수구 세력 제거와 내정개혁에는 관여하지 말 것을 요구하였고, 일본 역시 이에 동의하였다.

1884년 12월 4일 오후, 전동典洞(지금의 서울 종로구 견지동)에 있는 우정국에서 성대한 연회가 열렸다. 초대된 귀빈 중에는 미국 공사 후트, 영국 총영사 애스턴, 청나라 영사 천서우탕陳壽棠과 독일 외교관 묄렌도르프, 그리고 일본 공사관 서기관 시마무라 등이 있었다. 조선 정부 요인들로는 연회를 개최한 홍영식을 비롯해 박영효, 김홍집, 민영익, 서광범, 윤치호尹致昊, 이조연李祖淵, 한규직韓圭稷, 민병석閔丙奭, 신낙균申樂均 등 스무 명이 있었다.

연회가 한창 무르익어갈 무렵, 김옥균이 시마무라에게 말을 건넸다.

"그대는 천天을 아는가?"

그러자 시마무라는 "요로시(네)!"라고 대답하였다. 그것이 그 날 밤 그들의 암호였다.

그 후 김옥균은 초조한 기색으로 여러 번 밖을 드나들었다. 그리고 얼마 후 '불이야'라는 소리와 함께 불빛이 환하게 창문에 비쳤다. 각본에 따라 지른 불이었다. 연회장 안은 이내 아수라장으로 변했고, 깜짝 놀라 밖으로 뛰쳐나갔던 민영익은 칼을 맞고 비명을 지른 후 다시 들어와 쓰러졌다. 김옥균, 서광범, 박영효 등은 그런 혼란을 틈타 재빠르게 창문을 뛰어넘은 후 고종이 있던 창덕궁으로 달려갔다.

"청군이 난리를 일으켜 민영익을 죽였으며 불까지 질러 도성이 불바다가 되었습니다. 사람들을 마구 죽이고, 창칼을 번득이며, 대궐도 침범할 기세이옵니다. 어서 빨리 피하시옵고, 일본 공사에게 보호를 요청하소서."

그러나 고종은 그들의 요구를 좀처럼 허락하지 않았다. 그러자 그들은 눈물을 흘리며 통곡하기 시작하였고, 고종과 황후는 침전을 떠나야만 했다. 그들은 고종과 황후를 일단 경우궁景祐宮(조선 제23대 왕 순조의 생모인 수빈 박 씨의 사당)으로 옮기게 하는 한편 일본군 2백여 명과 조선 군사 50여 명으로 하여금 호위하게 하였다. 그리고 비로소 모든 정권을 장악하였다.

이날 후영사 윤태준尹泰駿, 좌영사 이조연, 전영사 한규직은 경우궁에서 나가다가 죽임을 당했고, 해방총관 민영목閔泳穆, 조영하趙寧夏, 민태호閔台鎬 등은 변란 소식을 듣고 입궐하다가 개화당의 장사패들에 의해 죽임을 당했다. 이어서 12월 5일 아침에는 고종의 총애를 받던 어전 내시 유재현柳在賢을 정전 앞에 꿇어앉게 한 뒤 죄를 물어 죽였다. 유재현의 죽음을 목격한 고종과 황후는 그제야 개화파의 의도를 정확히 알게 되었다.

곧 새로운 정부의 조직과 구성원이 발표되었다. 새 정부는 형식적으로는 왕실과 연합한 형태를 취했지만 실제로는 급진 개화파가 중요한 자리를 모두 장악하였다. 최고 권력기관인 의정부 영의정에는 임금의 종형 이재원李載元, 좌의정 홍영식, 그리고 군사·사법·경찰·외교·통상·인사·재정 등 정부 핵심기관에는 김옥균(호조참판)을 비롯하여 박영효(전후영사 겸 좌포장), 서광범(좌우영사), 서재필(병조참판 겸 정령관), 박영교(도승지) 등이 차지하였다. 또한, 그들은 12월 5일 저녁부터 다음날 새벽까지 김옥균의 주도하에 밤을 새워가며 회의를 열어 혁신 정강을 제정하였다.

- 대원군을 조속히 귀국시키고 청에 대한 조공의 허례를 폐지할 것
- 문벌 폐지 및 평등권을 제정하여 재능에 따라 인재를 등용할 것
- 전국의 토지와 세금제도를 개혁하고, 간악한 관리를 근절하며, 빈민을 구제하고 국가 재정을 충실히 할 것
- 내시부를 폐지하고 재능 있는 자를 등용할 것

- 간악한 관리와 탐관오리 중 죄상이 뚜렷한 자를 처벌할 것
- 각 도에서 정부에 상환해야 하는 쌀을 영구히 면제할 것

이는 그들이 조선의 개혁을 위해 발전시켜 온 개화사상과 그에 기초한 개혁활동을 총체적으로 나타낸 것이었다.

그날 오후 고종은 이를 추인했고, 그들이 의도한 대로 조정의 국정 전반에 대한 대개혁이 이루어지는 듯했다.

## 삼일천하, 그들은 무엇을 꿈꾸었나

그러나 상황은 전혀 엉뚱한 방향으로 흘러가고 있었다. 경우궁에서 창덕궁으로 거처를 옮긴 황후가 청의 위안스카이袁世凱에게 도움을 요청한 것이다. 그러던 중 관물헌觀物軒(창덕궁 안에 있는 정자)에 모여 있던 개화파에게 전갈이 하나 도착하였다. 경기감사 심상훈이 입궐하여 고종의 안부를 묻겠다는 것이었다. 이에 박영효는 다음과 같이 말하였다.

"사태가 급박한 때 위험한 인물에게 임금을 알현케 하는 것은 일을 그르칠 우려가 있으니 속히 물러가게 하라."

그러나 김옥균의 생각은 달랐다.

"심상훈은 내 친구이고, 그의 지모는 우리에게 좋은 재산이 될 만하네. 그러니 입궐을 허락하세."

그렇게 해서 심상훈은 아주 짧은 시간이었지만 고종을 만날 수 있었다. 그러나 그것이 역사를 바꾸는 분수령이 될 줄은 그 누구도 몰랐다.

심상훈은 그때 서울에 와 있던 위안스카이의 밀서를 고종에게 전달하였다. 그 내용은 청나라 군사가 왕궁을 호위하겠다는 것이었다.

심상훈이 궁궐에서 나간 오후 3시, 위안스카이가 거느린 1천5백여 명에 이르는 청의 군대가 궁궐로 몰려왔다. 그제야 사태의 심각성을 깨달은 김옥균은 고종을 붙들고 인천으로 가서 후일을 도모하자고 주청하였다. 그러나 고종은 이를 한사코 거부하였다.

"나는 죽는 한이 있더라도 이곳을 벗어날 수 없다. 죽더라도 대왕대비가 있는 곳에서 같이 죽는 것이 내 소원이다."

그러는 사이 청나라 군사들은 점점 가까이 다가왔다. 다행히 궁궐 뒤 언덕 위로 피하긴 했지만, 그들은 포기할 줄 몰랐다. 결국, 그들은 동북 궁문까지 쫓겨가야 했다.

그날 오후 5시, 창덕궁에 있던 고종은 청군이 진을 치고 있던 북관왕묘北關王廟(동소문 안에 있는 관왕묘)로 옮겨 가겠다는 명을 내렸다. 이에 김옥균 등은 한사코 만류하면서 무리를 해서라도 강화도로 갈 것을 주장하였지만, 고종은 그들의 만류를 뿌리친 채 자신을 업은 무감武監(조선시대 궁궐 문 옆에서 숙직하며 호위하는 일을 맡아보던 무사)의 등을 두드렸다. 그러나 궁궐 문밖을 나서자마자 청나라 군사들이 함성을 지르며 총을 쏘기 시작하였다. 이에 깜짝 놀란 김옥균은 곁에 있던 무감을 향해 다음과 같이 소리치게 하였다.

"군주께서 여기 계시는데, 어찌 감히 총을 쏘느냐!"

그러자 잠시 총소리가 멎었다. 그 사이 어둠이 내렸고, 청나라 군사들은 개화파와 일본군에 대한 추격을 중지한 채 궁을 점령하고 전각에 불을 질렀다. 순간, 상황이 불리함을 간파한 일본공사 다케조에가 그들을 향해 입을 열었다.

"일본군이 임금을 모시면 오히려 신변에 위험을 가져올 우려가 있으니, 잠시 철군하여 선후책을 마련하는 것이 좋겠소."

그러자 김옥균이 그를 향해 날 선 말을 날렸다.

"군주께서 북문으로 나가시려는 것을 만류한 것은 그대가 끝까지 우리를 보호해줄 것으로 믿고 있었기 때문이오. 그런데 이제 와서 군사를 철수하겠다니 말도 안 되는 일이오."

"지금 총을 쏘는 사람 중에는 청국 군사들뿐만 아니라 조선 사람들도 있소. 그들이 총을 쏘게 된 것은 오로지 일본군이 임금을 호위하고 있기 때문이오. 그러니 지금은 이대로 물러가서 후일을 도모하는 것이 좋소."

다케조에는 이미 혁명이 실패했음을 알고 있었다. 통역관을 통해 이 말을 전해 들은 고종 역시 이에 동의하며 빨리 북문으로 나가자고 했다. 이제 그들은 풍전등화의 운명에 놓이게 되었다.

그때 누군가가 다케조에를 향해 물었다.

"우리는 이제 어찌하면 좋겠소? 마땅히 군주를 따라가야 할 것이지만 그대가 물러간 다음에는 어떻게 뒷일을 도모해야 한단 말이오?"

다케조에의 대답은 간결하였다.

"청이 무례한 행동으로 우리를 욕보였으니, 우리도 무력으로 대항할 수밖에 없소. 그대들은 나를 따라오는 것이 좋을 것이오. 한시가 급하니 지금 바로 결정하기 바라오.”

최후통첩이나 마찬가지인 다케조에의 답변을 들은 개화파는 각자 그 말에 대한 결정을 내리기로 하였다. 이에 대인관계가 원만하고 위안스카이와도 가까웠던 홍영식은 고종을 따라가기로 하였지만, 나머지는 다케조에를 따라가기로 하였다. 그러자 고종이 깜짝 놀라며 반문하였다.

“지금처럼 위험하고 어지러운 때 경들은 나를 버리고 어디로 간단 말인가?”

이에 그들은 눈물을 흘리며 다음과 같이 대답하였다.

“신들이 나라의 두터운 은혜를 입고 어찌 감히 예의에 어긋나는 일을 하겠습니까? 오늘 폐하를 끝까지 모시다가 죽지 않은 것은 다시 청천백일靑天白日을 보게 될 날을 위하여 잠시 떠나는 것일 뿐입니다.”

그렇게 해서 고종과 헤어진 개화파는 다케조에를 따라 일본 공사관으로 갔다. 그런데 도중에 김옥균이 일행을 돌아보며 이렇게 말하였다.

“지금 다케조에를 따라가도 생사가 어찌 될지는 아무도 모르오. 여기서부터 인천, 원산, 부산 등지로 흩어져 가면 그중 한두 사람이라도 목숨을 건질 수 있을 것이오. 만일 우리가 모두 그를 따라가다가 죽게 되면 다시 희망이 없지 않겠소?”

이 말에 일행은 서로의 거취를 의논했으나 쉽사리 의견 일치가 이루어지지 않았다.

잠시 후 다케조에는 인천으로 가서 배를 타고 일본으로 건너갈 것을 재촉하였다.

결국, 그들은 일본 망명을 선택하였다.

한편, 고종을 호위했던 홍영식은 북문을 나서자마자 청나라 군사들에게 쫓겨 도망치다가 순시병에게 잡혀 참살당하고 말았다. 이로써 조선을 뒤흔들었던 갑신정변은 삼일천하로 막을 내리고 말았다.

### 피비린내 나는 보복, 가족들 몰살당하다

갑신정변 실패 후 서울 거리는 불길에 휩싸였고, 연일 연루자連累者 검거에 나섰다. 또한, 적반하장으로 일본은 공사관이 불타고 공사관 직원과 거류민이 희생된 데 대한 책임을 조선 정부에 물었다. 이에 1895년 1월 9일 일본에 대한 사의 표명과 함께 배상금 십만 원 지급, 일본 공사관 수리비 부담 등을 내용으로 하는 한성조약이 체결되었다. 4월 18일에는 일본과 청나라 사이에 조선에서 군사를 철수시키고 조선에 변란이나 중대 사건이 일어나 어느 한쪽이 파병할 경우에는 그 사실을 상대국에게 미리 알릴 것 등을 내용으로 하는 톈진조약이 체결되었다. 이로써 일본은 조선에 대한 파병권을 비로소 얻게 되었다.

갑신정변의 실패 여파는 한 마디로 처참하기 그지없었다. 김봉균金奉均, 이희정李喜貞, 이창규李昌奎 등이 대역부도大逆不道(임금이나 나라에 큰 죄를 지어 도리에 크게 어긋나 있음)의 죄목으로 군기시軍器寺(병기 제조를 관장했던 관청) 앞에서 능지처참 되었고, 이윤상李允相, 이점돌李點乭 등은 서소문西小門 밖에서 처형을 당했다. 또 차홍식車弘植, 서재창徐載昌, 남흥철南興喆, 고흥종高興宗, 최영식崔英植 등은 불고지죄로 목숨을 잃었다.

정변의 주역이었던 개화파 가족의 삶은 더 비참했다.

천안에 살던 김옥균의 동생 김각균金珏均은 서울로 들어오다가 정변이 실패했다는 소식을 듣고는 그날로 도망쳐서 경북 칠곡에 숨어 살다가 어사 조병로趙秉老에게 적발되어 감옥에서 죽었다. 김옥균의 양아버지 김병기 역시 옥고를 치르다가 교살당하였고, 어머니 송 씨 부인은 누이와 함께 음독자살하였다. 김옥균의 처 유 씨와 젖먹이 딸은 양가의 인연을 피한다는 조건으로 죽음을 면했지만 관비로 전락해 온갖 고생을 하며 살다가 세상을 떴다.

박영효의 형 박영교와 아버지 박원양朴元陽은 자살을 택했는데, 박영교는 죽기 전에 열 살 난 아들을 먼저 죽였다. 다행히 작은 형 박영호朴泳好는 이름을 바꾸고 전라도 진산에 숨어 살다가 청일전쟁이 끝난 후 하산하여 죽음을 면할 수 있었다.

홍영식의 아버지 홍순목은 열 살이 채 안 된 홍영식의 아들을 불러 "어떻게 이 종자를 남겨 두겠는가." 라며 먼저 독살시킨 후 대궐을 향해 머리를 조아려 절을 올린 다음 자결하고 말았다. 홍영식의 처 한 씨 역시 형 홍만식洪萬植의 말을 듣고 자살하였다. 다행히 홍영식의 막냇동생은 이름을 바꾼 후 살아남아 집안의 명맥을 그나마 유지할 수 있었다.

서재필의 아버지인 서광언徐光彦은 아내와 함께 자결했고, 그의 처와 아이는 독약을 마시고 죽었으며, 형 서재형徐載亨은 은진 감옥에서 죽었다. 또 동생 서창필徐載昌은 처형당했으며, 나이가 어리다는 이유로 혼자 살아남은 서재우徐載雨는 훗날 사면되었다.

서광범의 아버지 서상익徐相翊은 연좌제로 유배되었지만 무슨 이유로 죄를 받는지조차 몰랐다. 그의 아내 김 씨는 끝까지 절개를 지키다가 갑오개혁 이후 서광범과 다시 살았다.

한편, 유대치는 제자들이 혁명을 일으킬 준비를 하는 것을 보고 "시기가 너무 이르다." 라며 만류했다고 한다. 그러나 정변 실패 후 김옥균 등이 일본으로 도망치자 그들과 함께 바둑을 두었던 바둑판을 도끼로 쪼개 아궁이에 밀어 넣고는 행방을 감추고 말았다. 전하는 말에 의하면, 양평 용문산 선굴에서 솔가루와 날콩을 주식으로 삼으며 아픈 사람들을 치료하던 거사가 있었는데, 그가 바로 유대치였다고 한다.

## 고단했던 망명생활, 끊임없는 암살 위협과 궁핍한 생활고

김옥균 일행은 인천에서 〈치도세 마루호〉를 타고 망명길에 올랐다. 훗날 내무대신에 오른 이노우에 가오루는 자서전을 통해 배의 선장 쓰지후지 주로가 나가사키에서 그들 일행과 헤어질 때 각자에게 일본 이름을 지어주었다고 회상한 바 있다.

"당신들이 일본에서 망명생활을 하게 되면 조선 이름을 가지고는 살기가 불편할 것이오. 그러니 내가 기념으로 이름을 지어주고 싶소."

그렇게 해서 김옥균은 이와다 슈사큐, 박영효는 야마자키 에이하루, 유혁로는 야마다 유이이치, 정란교는 나카하라 헤이키치라는 이름을 얻게 되었다.

**― 이노우에 자서전**

사실 혁명에 실패한 그들을 일본 정부가 받아들인 이유는 또 다른 속셈이 있었기 때문이었다.

친일적 성향을 가지고 있었던 개화당은 갑신정변 이후 조선 반도에서 완전히 배척되었다. 이에 운요호 사건 이래 양성해 놓은 우리 세력의 힘은 완전히 사라지고 말았다. 하여 우리가 세력을 회복하고 조선 개발 정책을 실현하기 위해서는 김옥균 등 망명객들이 다시 정권을 얻기를 기다리든지, 새로운 방법을 쓰는 두 가지 길이 있을 뿐이었다. 그러나 조선 정부에 대해 새로운 수단을 마련하는 일은 국력 면에서 볼 때 어려운 점이 있었다. 이에 잠시 김옥균 일행을 감싸면서 형세를 관망하는 전략을 펼쳐야 했다.

**― 이노우에 자서전**

그러나 그들로 인해 조선 정부와의 관계가 불편해지자 곧 그들을 귀찮아하기 시작하였다.

그즈음, 조선의 수구당 내부에서는 김옥균 등을 암살하기 위한 계획을 세웠다. 민태원이 쓴 《갑신정변과 김옥균》에 따르면 한성조약에 따라 일본에 파견된 서상우徐相雨와 묄렌도르프는 일본 당국자들에게 김옥균 일행을 조선으로 보내 달라고 요구했다고 한다. 이에 일본 정부에서는 여러 가지 이유를 들어 거절했지만 자객을 보내 처단하는 것은 묵인하겠다고 하였다. 그때 자객으로 지목된 사람은 김옥균이 호조참의로 재직할 당시 그 밑에서 주사로 활동했던 지운영池運永이었다.

1886년 지운영은 극비 지령을 받고 일본으로 향했다. 그리고 도쿄와 요코하마 등에서 김옥균과 박영효의 암살을 노렸지만, 미수에 그친 채 오히려 일본 경찰에 붙잡히는 신세가 되고 말았다. 이후 비밀문서와 비수匕首(날이 예리하고 짧은 칼) 등을 압수당한 그는 조선으로 되돌아왔지만 곧바로 평안도 영변에 유배되고 말았다.

암살 위기를 넘긴 김옥균은 〈지운영 사건 규탄소〉를 지어 고종에게 보냈다. 이를 통해 그는 자신을 살해하는 데 급급해하지 말고 하루속히 백성들을 개화하여 새로운 돌파구를 찾을 것을 주장하였다. 특히 양반제도를 신랄하게 비판하며 이를 폐지할 것을 강력하게 주장하였다.

신이 여러 해 동안 보고들은 바에 의하여 폐하께 아뢴 바 있는데, 폐하께서는 이것을 기억하시나이까? 그 뜻은 오늘날 우리나라에 있어서 양반을 없애는 데 있나이다. … (중략) … 백성이 한 가지 물건을 만들면 양반의 무리가 이것을 빼앗아가고, 백성이 몹시 애써 곡식을 조금만 저축해놓으면 양반이 와서 이것마저 약탈해 갑니다. 이 때문에 백성들은 이렇게 말합니다. "스스로 농사를 지어 옷을 입고 밥을 먹으려 하면 양반이 그 이익을 빼앗아 갈 뿐만 아니라 심하면 귀중한 생명까지 잃을 염려가 있으니, 차라리 농상공 의 모든 생업을 버려서 위험을 피하는 것만 못하다."

이후 김옥균 등의 처리 문제가 조선과 일본 양국 간에 뜨거운 감자로 부 상하자 일본은 그를 추방하기로 하고 그때부터 그에게 아무런 도움도 주 지 않았다. 이에 더는 일본에 머무르는 것이 불가능하다고 생각한 그는 미 국으로 가기로 결심했지만 여비가 만만치 않은 데다 빚까지 많이 지고 있 었기 때문에 즉시 실행으로 옮길 수 없었다.

## 비운의 풍운아, 한 많은 생을 마감하다

결국, 일본 정부는 1886년 김옥균 일행을 절해고도인 오가사와라로 추 방한다. 유폐幽閉(아주 깊숙이 가두어 둠)에 다름 아니었다. 그 세월이 무려 5년이 었다.

1891년 우여곡절 끝에 다시 도쿄로 돌아온 그는 다시 일을 도모하기 위 해 국내에 있는 동지들과 연락을 취하면서 후원자인 이시이 마코토를 앞세 워 창원에 있는 금광 채굴권을 얻기도 하였다. 그러나 사업은 거듭 실패했 고, 빚은 자꾸만 늘어갔다. 희망이라고는 없는 절망의 연속이었다. 그때 한

러시아인이 그를 돕겠다는 의사를 밝혔고, 청의 실력자 이홍장李鴻章의 아들 역시 북경으로 건너갈 것을 권유하였다.

그 무렵, 조선 정부에서는 다시 김옥균 일행을 암살할 자객들을 일본으로 보냈다. 홍종우洪鍾宇, 이일직李逸植, 권동수權東壽, 권재수權在壽 등이 그들이었다. 그중 홍종우는 파리 〈키메 박물관〉 촉탁으로 있으면서《춘향전》과《심청전》등의 한국 고전을 번역하던 인물이었다. 그는 1893년 7월 파리를 떠나 귀국하던 중 도쿄에 잠시 머물며 친구 김유식金有植을 통해 이일직을 만나게 되었는데, 이때 이일직은 고종의 밀명을 받고 일본에 왔다고 털어놓은 후 김옥균 암살 계획에 동참할 것을 권유하였다. 그 자리에서 이 제의를 받아들인 그는 개화파의 일원으로 가장하여 김옥균에게 접근하는 데 성공하였다. 하지만 김옥균은 처음부터 그를 믿지 않았다. 오히려 이시이 마코토에게 이렇게 말했다고 한다.

"나를 죽이려는 자가 저 사람이다. 그러나 쥐새끼 같은 무리가 감히 무엇을 하겠는가?"

당시 김옥균에게는 청나라로 가는 것 외에는 선택의 여지가 없었다. 이에 약종상으로 신분을 숨기고 있던 이일직은 그가 여비가 부족함을 알고 이렇게 제안하였다.

"영업자금 수만 원을 상해은행에 예금해두었소. 선생이 필요하면 그 돈을 찾아 써도 괜찮소.

이에 김옥균은 그에게 1만 원을 빌리기로 하고 돈을 수표로 달라고 했다.

"만일을 대비해 다른 사람 이름으로 예금했기 때문에 수표로 찾기는 곤

란하오. 선생이 청국으로 간다면 상하이를 한 번 구경하는 것도 좋을 것이오. 그렇게 한다면 홍종우를 함께 보내 그 돈을 찾아주겠소."

김옥균은 그 제안을 수락하였다. 이에 1894년 3월 28일 홍종우와 함께 상하이로 가 미국 조계租界(외국인 거주지) 안에 있던 일본 호텔 동화양행에 투숙하였다. 그리고 다음날, 거류지를 구경하고 싶다며 청국 공사관 서기에게 중국 옷을 부탁한 후 침대에 누운 채로 《통감通鑑》을 읽고 있는데, 밖에서 돌아온 홍종우가 권총을 꺼내 그의 오른쪽 뺨을 향해 첫 방을 쏘았다. 그리고 곧 두 번째 총알이 배를 뚫었고, 세 번째 총알은 등을 관통하였다.

홍종우는 곧바로 중국 경찰에 체포되었지만, 조선과 청국 정부의 교섭으로 곧 석방되었다.

한편, 김옥균의 시신은 청국 관헌에게 인도되어 즉시 조선으로 보내졌다. 그리고 그 배에는 그를 죽인 홍종우도 함께 타고 있었다.

조선으로 돌아온 그의 시신은 양화진에서 사지가 찢기고 목이 베인 채한동안 전시되었다. 그의 머리에는 '모반 대역부도죄인 옥균謀反大逆不道罪人玉均'이란 패가 걸려 있었다. 하지만 그를 따르던 사람들이 그 머리를 몰래 훔쳐서 도쿄로 가져가 묻었고, 한쪽 팔은 반역의 기상이 서렸다는 포항 호미곶에 던져졌다.

### 암울한 시대, 어둠을 갈랐던 비운의 삶

1914년 충남 아산시 영인면 백석리 둔덕에 한 무리의 사람들이 몰려들었다. 비운의 혁명가 김옥균의 머리카락 한 줌을 관에 넣고 가묘를 만들기 위해서였다. 그 날 추도사는 혁명을 도모했던 동지 박영효가 읽었다.

"비상한 재주를 가지고, 비상한 때를 만났는데, 비상한 공은 없고, 비상한 죽음만 있으니, 슬프도다, 김 공이여!"

순간, 추도사를 다 읽지도 못한 채 울먹이던 박영효 뒤에서 백발의 노인이 통곡을 하기 시작하였다. 결국, 노인은 슬픔을 가누지 못한 채 그 자리 주저앉고 말았다.

노인은 김옥균의 동생 김균金均이었다. 갑신정변이 실패로 돌아가자 연좌에 걸린 그녀는 약을 마시고 자결을 시도했지만, 치사량에 이르지 못해 살아났다. 그러자 남편 송병의宋秉義가 꾀를 내어 마치 아내가 죽은 것처럼 소문을 내고 장례식까지 치렀다. 그리고 일 년 후 송병의는 고향 영천에서 새 색시를 맞는 혼사를 치렀다. 그러나 꿀물을 발라 눈을 뜨지 못한 채 고개만 숙이고 있던 신부는 본처 김균이었다.

김옥균을 비롯한 개화파는 암울한 시대를 바꾸려고 했던 개혁사상가이자 근대 민족주의의 선구자들이었다. 그러나 그가 죽은 지 백 년이 지났지만, 그에 대한 평가는 아직 미흡하기 짝이 없다. 도쿄에 있는 그의 무덤 옆에 작은 비석 하나가 쓸쓸히 서 있을 뿐이다.

# 좌절된 개혁의 꿈, 갑신정변

**민중의 지지를 얻지 못했던 위로부터의 혁명**

조선 후기로 접어들면서 조선 사회 안에서는 봉건체제의 낡은 틀을 깨뜨리고 새로운 사회로 나아가려는 변화가 일었다. 동시에 외부에서는 무력을 앞세워 통상을 요구하는 구미 자본주의 열강의 침략 위협이 높아지고 있었다. 이러한 시대적 흐름 속에서 일부 중인층과 양반 관료들 사이에서는 조선 사회의 모순을 딛고 세계사의 발전 방향에 따라 조선을 이끌어가려는 개화사상이 형성되었다. 이 사상을 기반으로 하여 정치를 개혁하기 위해 결집한 세력이 바로 개화파였다.

갑신정변 당시 약관弱冠의 나이에 개혁 세력에 가담하였던 윤치호尹致昊는 당시 개화파의 활동에 대해서 다음과 같이 이야기한 바 있다.

당시 국민 중에서 개혁당의 사업을 이해할 수 있는 사람은 거의 없었다. 그러다 보니 오히려 역적으로 몰리고 말았다. 그 이유는 임금의 몸에 손을

대 억지로 정치를 변혁하려 했고, 일본과 공모했다는 사실 때문이었다.

갑신정변이 삼일천하로 끝나게 된 이유는 대략 다음과 같다.

첫째, 청군의 불법적인 궁궐 점거와 공격 때문이었다.

둘째, 일본의 배신과 일본군의 병력을 빌리는 데만 의존했던 개화파의 실수 때문이었다.

셋째, 개화파의 개화정책을 지지할 만한 시민계층이 형성되어 있지 않았기 때문이었다.

넷째, 개혁 수행 과정에서 드러난 기술적인 미숙함과 명성황후와 청의 접촉에 대한 감시 소홀 때문이었다.

갑신정변은 점진적인 개혁이 아니라 구습을 한꺼번에 타파하려는 혁명적 개혁이었다. 그러다 보니 당시 민중들로서는 이해 불가능한 측면이 적지 않았다. 이에 민중들은 수십 년의 세월이 지난 후에야 개화파의 사상을 제대로 인식할 수 있었다.

음력 10월에 일어났기 때문에 '갑신시월지변甲申十月之變'이라고도 불리는 갑신정변에 대한 공통적인 평가는 미완의 혁명이었다는 것이다.

혁명을 일으키기 직전 김옥균이 미국 공사 푸트를 찾아갔을 때 그는 다음과 같이 충고하였다고 한다.

"아직 국민들이 따르지 않고 있으니 여론을 얻은 후 기회를 봐서 혁명을 일으키는 것이 어떻겠습니까?"

그러나 개화파는 대중적인 지지 세력을 구축하지 않은 채 서둘러 혁명

을 단행했고 결국 실패로 끝나고 말았다.

### 근대 한국사에 한 획을 그은 반봉건적 민족운동

그렇다면 세계사에서는 갑신정변을 어떻게 보고 있을까?

미국 펜실베이니아 대학 콘로이 교수는 1960년 발표한 〈일본의 조선 강탈〉이라는 논문에서 갑신정변을 두고 이렇게 말한 바 있다.

"일본의 자유주의자들이 조선의 진보파에 관심을 가진 것은 조선을 강탈하려는 일본 국수주의자들의 흉계와 구별된다."

갑신정변을 뒤에서 조종한 것은 일본의 자유주의자들이었다는 것이다.

러시아 과학원에서 펴낸 《전세계사》 역시 마찬가지다. 갑신정변의 주역이 개화파가 아닌 일본인으로 기술되어 있음을 알 수 있다.

일본인들은 청국에 의존하던 조선 정부를 전복하고 자신들의 주구들로 구성되는 새 정부를 수립하려고 했다. 그들의 계획에 의하면 궁중 변혁은 일본인들과 결탁한 조선 양반들에 대한 원조를 통해 실현되기로 되어 있었다. 1984년 12월 4일, 일본군은 왕궁을 점령하고 왕을 포로로 삼았다. 주권은 개화파에 넘어가고 그 지도자들은 김옥균을 수반으로 하는 정부를 구성하였다.

일본의 사학자 야마베 겐타로가 쓴 《갑신정변에 대하여》 역시 주목할 만

하다.

《갑신일록甲申日錄(김옥균이 갑신정변 당시의 일을 기록한 일기)》에 쓰여 있는 것은 처음부터 마지막까지 믿을 수 없는 것이다. 따라서 정강도 믿을 수 없는 것으로 보아야 한다. … (중략) … 설령,《갑신일록》의 기록이 사실이라고 가정해도 거기에서 반봉건적 성격은 단 하나도 찾아볼 수 없다.

그는 갑신정변에는 부르주아 개혁의 요소가 없다며 이에 대한 근거로 "김옥균 등의 사상과 행동은 봉건사회의 테두리에서 크게 벗어나지 못하였으며, 갑신정변의 정강에는 봉건적 신분제의 폐지와 토지개혁 요구, 즉 반봉건의 요구가 없다."라고 주장하였다. 이에 다음과 같이 이야기 하며 논문을 마무리하였다.

갑신정변은 조선 내부의 원인보다는 외부의 원인 때문에 일어났다. 조선을 둘러싼 외부 두 세력의 영향력이 조선의 궁정에 반영되어 친 외세적인 성격을 지닌 당파를 만들어냈고 두 당파의 싸움이 정변의 원인이 된 것이다. … (중략) … 이러한 흐름을 근거로 삼아 나는 갑신정변의 성격에 대해 이렇게 생각한다. 봉건국가로서의 조선이 청일 양국으로부터 침략당해 큰 위기에 처하였고, 이 위기는 청일 양국과 연결된 조선 정부 내의 파벌 대립으로 나타났다. 따라서 갑신정변은 지배층 내부의 정권 쟁탈전에 불과하다고 할 수 있다.

그러나 이런 평가는 일본 내 일부 관변학자들의 편협한 견해에 불과하였다. 근대 여명기에 일어났던 갑신정변은 서구 자본주의의 침략으로부터 조국의 독립을 수호하면서 부강하고 새로운 나라를 건설하고자 한 실천적인 혁명이었기 때문이다.

갑신정변의 주역 김옥균은 당시 조선이 봉건적 사회에서 새로운 근대 국가로 발전하는 데는 크게 두 가지 방법이 있다고 생각하였다. 여러 세기에 걸쳐 점진적으로 나아가는 것과 일본과 힘을 합해 한 세대 동안에 그 목적한 바를 향해 빨리 다가가는 것이 바로 그것이었다. 그가 선택한 방법은 후자였다. 또한 그는 청과의 관계에서 전통적인 노선인 사대교린 정책을 철폐하고 완전한 독립성을 획득한 후 개혁을 추진해야만 서구의 여러 나라와 어깨를 나란히 할 수 있을 것으로 생각하였다.

> 서양 각국은 모두 독립국이다. 어느 나라를 따질 것 없이 독립한 이후라야 화친할 수 있는데, 조선이 홀로 중국의 속국이 되어 있으니 심히 부끄럽다. 조선이 어느 때에 독립하여 서양의 여러 나라와 같은 대열에 서겠는가?
>
> –《갑신일록》

이 말 속에 갑신정변의 의의가 깃들어 있다. 갑신정변은 지식인층 즉, 위

로부터 시도된 최초의 개혁운동이었지만 근대 한국사에 한 획을 그은 민족운동이기도 했다. 이에 갑신정변이 높게 평가받는 이유는 다음과 같다.

첫째, 한민족이 새로운 개혁을 단행하기에 가장 적절한 시기에 가장 체계적이고 열정적으로 봉건 체제를 청산하고 자주적인 근대 국가를 건설하려 했던 시도였기 때문이다.

둘째, 갑신정변은 한국 근대사에서 개화운동의 위상을 정립한 사건이었다. 갑신정변이 지향했던 자주적인 근대 국가, 시민사회를 기반으로 한 자본주의 경제, 근대적 문화와 자주적 국방 등은 이후 모든 개화 운동과 민족운동들이 추구한 바였다.

셋째, 갑신정변은 당시 중국의 조선 속국화 정책에 대한 과감한 도전이었다.

넷째, 갑신정변은 근대 민족주의 운동의 발전에 하나의 이정표로서 자리매김하고 있다. 한국 근대사에서 이후의 모든 민족주의 운동은 갑신정변을 계승, 비판하면서 이루어졌다.

**급진적인 개혁 시도, 일본에 이용만 당해**

갑신정변 당시 개화파의 병조참판이었던 서재필은 훗날 회고록에서 갑신정변에 대해서 다음과 같이 말한 바 있다.

조선 역사에서는 정치적·사회적 혁명을 위한 혁명이 드물었다. 조선 5백

년 동안 갑신년 12월의 정변 같은 사례를 나는 다시 듣지 못했다. 1392년 이
성계와 918년 왕건의 혁명, 4세기부터 10세기에 이르는 동안 있었던 삼국 사
이의 전쟁은 일종의 정권 쟁탈전에 지나지 않았다. 그것은 민중의 경제적·
사회적 복리를 위한 것은 아니었다.

갑신정변 역시 다른 나라의 혁명과는 달리 압박받는 민중들의 궐기로
인한 것이 아닌 당시 특권 계급의 몇몇 청년들이 일으킨 것이었다. 그것은
다음 두 경우와 매우 유사한 것이었다. 1215년 영국의 귀족들이 존 왕을 압
박하여 러니미드에서 그 유명한 대헌장에 서명하게 한 것, 그리고 1867년
일본 사쓰마와 도사의 다이묘들이 막부 장군의 왕후적인 권력을 빼앗아
번적봉환藩籍奉還하게 한 것이 바로 그것이다. 영국이나 일본의 귀족과 조선
귀족 간의 차이는, 다만 앞의 두 경우는 성공한 반면, 조선 귀족은 실패했다
는 것이다.

매천 황현 역시《오하기문》을 통해 당시 상황을 자세히 기록하고 있다.

그 무렵, 김옥균과 박영효 등은 서양과 왕래하면서 그 부강함을 헛되이
흠모하여 우리나라의 제도가 작고 보잘것없다며 서로 이를 비난하더니 마
침내 역모가 싹트기 시작했다. 이에 민영익을 건드려 먼저 의복 제도를 변경
하는 것으로 사람들의 움직임을 떠보았다. 그러나 조정 백관 중에 바른 뜻
을 가진 사람들이 적다는 것을 알고 일이 이루어지지 않을 수 없다고 생각

했다. 마침내 일본 공사 다케조에 신이치로와 결탁하여 일이 성공하면 조선

을 나누고 김옥균 등이 돌아가면서 임금을 하여 마치 미국의 대통령 제도처

럼 하기로 했다.


이에 의하면, 김옥균과 박영효가 정변을 성공시킨 다음 대통령제처럼 조

선의 정치 체제를 운영하려고 했다고 한다. 하지만 김옥균이 입헌군주제와

대통령제 중 어떤 것을 선택하려고 했는지는 확실치 않다. 다만, 그들이 봉

건 군주제를 타파하려고 했다는 것만은 확실하다.

김옥균은 부르주아 혁명을 단행하려고 했지만, 봉건 전제주의라는 조선

의 특수성으로 인해 실패하고 말았다. 그리고 먼 이국땅에서 비극적인 죽

음을 맞았다.

갑신정변이 실패한 원인 중 가장 안타까운 것은 반봉건 전제주의에 시달

리면서 철저한 이해관계를 가지고 있던 민중을 고려하지 못한 나머지 민중

들로부터 전혀 지지를 받지 못했다는 것이다. 이에 역사학자이자 독립운동

가인 박은식朴殷植은 막중한 국가의 개혁을 간교한 일본에 기댄 채 서두른

점을 매우 안타까워하며, 갑신정변에 대해서 다음과 같이 회고하고 있다.


안타까운 일이다. 재주 있는 일류 선비가 일본인에게 이용되어 이렇듯 큰

착오를 범하게 되었다. … (중략) … 일본인들은 당시 우리나라의 젊은 선비

들이 청나라의 억압을 배격하고 한 발 앞질러 보고자 천 가지, 만 가지를 계

획하면서 일본의 새로운 풍조를 취하여 독립의 영광을 꿈꾸는 것을 알고,

이들을 교묘히 설복시켜 배청排淸 독립을 돕겠다고 약속까지 했다. 그러나

저들의 속셈은 우리나라와 청나라의 감정을 악화시켜 그 사이에서 제 이익

만 챙기려던 것이었다. 우리 청년들이 이 점을 미처 깨닫지 못하고 그만 저들

의 술수에 빠졌으니 어찌 분하지 아니한가?

－《한국통사》

# ⚫ 김옥균 연보 ⚫

- 1851년(철종 2년) 충청도 공주에서 김병태의 장남으로 태어남

- 6세_1856년(철종 7년) 종숙 김병기의 양자로 들어감

- 10세_1860년(철종 11년) 김홍집 등을 사귐

- 20세_1870년(고종 7년) 박규수의 문하에 들어가 학문을 배움

- 22세_1872년(고종 9년) 문과에 장원 급제. 성균관 전적이 됨

- 31세_1881년(고종 18년) 제1차 일본행. 후쿠자와 유키치 등을 만남

- 32세_1882년(고종 19년) 임오군란 발발. 박영효 등과 함께 다시 일본을 다녀옴

- 33세_1883년(고종 20년) 고종의 위임장을 받아 서재필 등의 일본 유학생을 인솔하여

  세 번째로 일본을 다녀옴

- 34세_갑신정변 발발. 실패 후 박영효 등과 일본으로 망명

- 35세_1885년(고종 22년) 《갑신일록》집필

- 36세_1886년(고종 23년) 일본 정부에 의해 오가사와라 섬으로 추방됨

- 44세_1894년(고종 31년) 상해에서 홍종우에 의해 암살됨

- 死後_1895년(고종 32년) 사면 복권됨

- 死後_1910년(순종 3년) 규장각 대제학 추증 및 충달忠達이라는 시호 추서

## 오직 정의

**초판 1쇄 인쇄** 2017년 1월 25일
**초판 1쇄 발행** 2017년 2월 7일

**지은이** 신정일
**발행인** 임채성
**디자인** 산타클로스

**펴낸곳** 도서출판 판테온하우스
**주소** 서울시 양천구 목동 923-14 드림타워 제10층 1010호
**전 화** 070-4121-6304      **팩 스** 02)332-6306
**메 일** pacemaker386@gmail.com
**출판등록** 2010년 4월 22일(신고번호 제313-2010-119호)
**블로그** http://blog.naver.com/asra21
**포스트** http://post.naver.com/my.nhn?memberNo=6626924

종이책 ISBN 978-89-94943-38-1    03910
전자책 ISBN 978-89-94943-39-8    05910